JN193509

玉川百科 こども博物誌 小原 芳明 監修

日本の知恵をつたえる

小川 直之／服部 比呂美 編 髙桑 幸次／合田 洋介 絵

玉川大学出版部

監修にあたって

玉川学園の創立者である小原國芳は、１９２３年にイデア書院から教育書、哲学書、芸術書、道徳書、宗教書などとともに児童書を出版し、１９３２年には日本初となるこどものための百科辞典「児童百科大辞典」（全30巻、～37年）を刊行しました。その特徴は、五十音順ではなく、分野別による編纂でした。イデア書院の流れを汲む玉川大学出版部は、その後「学習大辞典」（全32巻、１９４７～51年）、「玉川児童百科大辞典」（全30巻、１９５０～53年）、「玉川こども百科」（全１００巻、１９５１～60年）、「玉川百科大辞典」（全31巻、１９５８～63年）、「玉川児童百科大辞典」（全21巻、１９６７～68年）、「玉川新百科」（全10巻、１９７０～71年）、そして「玉川こども・きょういく百科」（全31巻、１９７９年）を世に送り出しました。

インターネットが一般家庭にも普及したこの時代、こどもたちも手軽に情報検索ができます。学校の調べ学習にインターネットは大きく貢献していますが、この「玉川百科 こども博物誌」はこどもたちが調べるだけでなく、自分で読んで考えるきっかけとなるものを目指しています。自分で得た知識や情報を主体的に探究する、これからのアクティブ・ラーニングに役立つでしょう。

教育は学校のみではなく、家庭でも行うものです。このシリーズを読んで「本物」にふれる一歩としてください。

玉川学園創立90周年記念出版となる「玉川百科 こども博物誌」が、親子一緒となって活用されることを願っています。

小原芳明

はじめに

毎日《まいにち》食《た》べる米《こめ》のごはんは、いまでは炊飯器《すいはんき》のスイッチをおせば自動《じどう》でたけますが、炊飯器《すいはんき》がなかったときには、どのようにごはんをたいたのでしょうか。そして、ごはんになる米《こめ》はどのようにつくるのでしょうか。この本《ほん》ではごはんのたきかたとか、米《こめ》のつくりかた、さらに家《いえ》のたてかた、とうふ屋《や》の仕事《しごと》など、毎日《まいにち》のくらしのなかでうけつがれてきた日本人《にほんじん》の知恵《ちえ》と技《わざ》を紹介《しょうかい》しています。

本《ほん》の最初《さいしょ》には、赤《あか》ちゃんとしてうまれて名《な》まえをつけてもらったり、はじめて食《た》べものを食《た》べたりするお祝《いわ》いがでてきます。つぎに、正月《しょうがつ》のしめかざりや雑煮《ぞうに》、お年玉《としだま》から冬至《とうじ》やおおみそかまで、1年間《ねんかん》の行事《ぎょうじ》を説明《せつめい》しています。これらは、日本人《にほんじん》はどのように一生《いっしょう》をおくるのか、どのように1年《ねん》をすごすのかという、むかしからつたえられてきたしきたりです。

みなさんの毎日《まいにち》のくらしに、また、家族《かぞく》や多《おお》くの人《ひと》たちといっしょにおこなうさまざまなことには、むかしの人《ひと》たちから教《おし》えられ、ひきつがれてきたいろいろな知恵《ちえ》がふくまれています。そうしたたくさんの知恵《ちえ》を、この本《ほん》の主人公《しゅじんこう》チエちゃんといっしょに学《まな》んでいきましょう。このことがわかったら、この本《ほん》にでてくることのほかに、身《み》のまわりにどんな知恵《ちえ》があるのか発見《はっけん》してみましょう。

小川直之《おがわなおゆき》・服部比呂美《はっとりひろみ》

おとなのみなさんへ

この巻では「日本人の知恵をつたえる」をテーマに、日々の生活のなかで古くから伝えてきた知恵や技をとりあげ、その内容を説明しています。これらはくらしのなかで伝承し、受け継いできた「経験知」であるともいえます。学問分野では「民俗学」ということになります。「古くから」というのは、たとえばこの本のなかで説明する水田での米づくりは、紀元前400年頃である縄文時代の最後に日本に伝えられた知恵と技です。また、牽牛・織女が年に一度、七夕の日に逢うことができる物語は、日本では奈良時代には知られ、日本最古の歌集『万葉集』にはこの物語を詠った短歌が130首以上あります。一方では、「七五三」が現在のかたちになったのは江戸時代の十八世紀半ば頃で、江戸の町から各地に広がった「しきたり」です。このように私たちの生活のなかに伝承されている知恵や技には、縄文時代晩期や奈良時代から続いていたり、江戸時代以降に広まったり、あるいは近年に形成されたものなど、幅広い時代のものがあります。

日本人の知恵や技は多岐にわたっていますが、ここでは「こどもの成長」「年中行事」「着る・食べる・すむ」「生きていくための仕事」「家と人のつながり」の5つにわけて紹介します。「こどもの成長」「年中行事」「家と人のつながり」は、「しきたり」として伝承されています。「こどもの成長」は成長や人生の節目の儀礼で、これらは人生の次のステップに進むためのものなので、一生をおくるための知恵といえます。「年中行事」も、こうした行事とともに一年をすこやかに過ごすためのものです。「家と人のつながり」も家や人々が連帯と互助を続けるための知恵といえます。「着る・食べる・すむ」と「生きていくための仕事」は、生活を組み立て、持続するための知恵と技であることはいうまでもありません。

こうしたくらしの知恵と技には、ここにとりあげた以外にも、たとえば「きれいな夕焼けだと、明日は晴れ」「地震のときには竹藪に入れ」のように経験をもとに蓄積し、伝えられてきた知識などがあります。この巻を読みながら、さらに伝承されている多くの知恵や技を発見してください。

小川直之・服部比呂美

「日本《にほん》の知恵《ちえ》をつたえる」もくじ

監修《かんしゅう》にあたって　小原芳明　3
はじめに　小川直之《おがわなおゆき》・服部比呂美《はっとりひろみ》　4
おとなのみなさんへ　小川直之・服部比呂美　5
さぁ、日本《にほん》の知恵《ちえ》を知《し》ろう！　9

第《だい》1章《しょう》　こどもの成長《せいちょう》　11

赤《あか》ちゃんがうまれる　12
はじめてのお風呂《ふろ》と赤《あか》ちゃんの着物《きもの》　14
自分《じぶん》の名《な》まえで神《かみ》さまへごあいさつ　16
お食《く》いぞめと初《はつ》たん生《じょう》　18
むかしの遊《あそ》び　20
子守《こも》りとこどもの仕事《しごと》　22
じょうぶにそだつおまじない　24
天神《てんじん》さまとこどもたち　26
お地蔵《じぞう》さまとこどもたち　28
年齢《ねんれい》のお祝《いわ》い　30

第《だい》2章《しょう》　年中行事《ねんじゅうぎょうじ》　32

正月《しょうがつ》をむかえる　34
しめかざり　36
正月《しょうがつ》のとくべつな食《た》べもの　38
鏡《かがみ》もちとお年玉《としだま》　40
七草《ななくさ》　42
豆《まめ》まき　44
ひな祭《まつ》り　46
花祭《はなまつ》り　48

端午《たんご》の節供《せっく》　50
七夕《たなばた》　52
花火《はなび》　54
お盆《ぼん》　56
お月《つき》さまにねがう　58
冬至《とうじ》　60

第《だい》3章《しょう》　着《き》る・食《た》べる・すむ　62

晴《は》れ着《ぎ》とふだん着《ぎ》　64
植物《しょくぶつ》からつくる糸《いと》　66
昆虫《こんちゅう》がつくる糸《いと》　68
布《ぬの》をおる　70
布《ぬの》の一生《いっしょう》　72
だいどころ　74
水《みず》がきた　76
ごはんたき　78
ごはんを食《た》べる　80
家《いえ》をたてる　82
家《いえ》のかたち　84
畳《たたみ》はたたむ　86
火《ひ》のあるくらし　88

第《だい》4章《しょう》　生《い》きていくための仕事《しごと》　90

米《こめ》をつくる　田植《たう》え　92
米《こめ》をつくる　イネかり～精米《せいまい》　94
サツマイモをつくる　96
カイコをかう　98
カキ　実《み》のなる木《き》とその利用《りよう》　100
漁業《ぎょぎょう》　あみで魚《さかな》をとる　102
漁業《ぎょぎょう》　魚《さかな》を釣《つ》る　104
海《うみ》にもぐって貝《かい》をとる　106

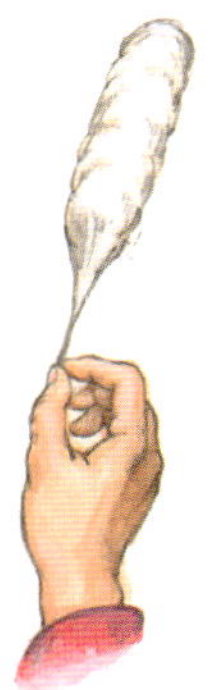

海《かい》そうをとる 108
魚《さかな》や貝《かい》の養殖《ようしょく》 110
林業《りんぎょう》 木《き》をそだてる 112
林業《りんぎょう》 木《き》を伐《き》ってはこぶ 114
けものをとる 116
炭《すみ》やき 118
山《やま》のめぐみ 120
大工《だいく》の仕事《しごと》 122
和菓子屋《わがしや》の仕事《しごと》 124
とうふ屋《や》の仕事《しごと》 126
魚屋《さかなや》の仕事《しごと》 128
床屋《とこや》と美容院《びよういん》 130

第《だい》5章《しょう》 家《いえ》と人《ひと》のつながり 132

家族《かぞく》と親《しん》せき 134
ご近所《きんじょ》づきあい 136
鎮守社《ちんじゅしゃ》と祭《まつ》り 138
自治会館《じちかいかん》の利用《りよう》 140
回覧板《かいらんばん》と掲示板《けいじばん》 142
消防団《しょうぼうだん》 144
こども会《かい》 146
老人会《ろうじんかい》 148

いってみよう 150
国立歴史民俗博物館《こくりつれきしみんぞくはくぶつかん》／ねぶたの家《いえ》 ワ・ラッセ／ヤマサ醤油工場《しょうゆこうじょう》／越前和紙《えちぜんわし》の里《さと》／竹中大工道具館《たけなかだいくどうぐかん》／日本玩具博物館《にほんがんぐはくぶつかん》／川崎市立日本民家園《かわさきしりつにほんみんかえん》／行田市《ぎょうだし》郷土博物館《きょうどはくぶつかん》

読《よ》んでみよう 154
しょうたとなっとう／干《ほ》し柿《がき》／かき氷《ごおり》／しらかわのみんか／たたみのはなし／絵《え》で見《み》るおふろの歴史《れきし》／草《くさ》と木《き》で包《つつ》む／田《た》んぼの学校《がっこう》へいってみよう／おじいちゃんは水《みず》のにおいがした／町《まち》のけんきゅう／アイヌネノアンアイヌ／テングの生活図鑑《せいかつずかん》／やまのたけちゃん／日本《にほん》のむかしばなし／ひなの市《いち》

さあ、日本《にほん》の知恵《ちえ》を知《し》ろう！

この本《ほん》は「こどもの成長《せいちょう》」「年中行事《ねんじゅうぎょうじ》」「着《き》る・食《た》べる・すむ」「生《い》きていくための仕事《しごと》」「家《いえ》と人《ひと》のつながり」の5つにわかれています。

「こどもの成長《せいちょう》」

「こどもがぶじにそだちますように」といういのりをこめたおまじないやおまいりは、むかしからずっとつたえられてきました。

「年中行事《ねんじゅうぎょうじ》」

正月《しょうがつ》、節分《せつぶん》、ひな祭《まつ》り、端午《たんご》の節供《せっく》、七夕《たなばた》、お月見《つきみ》、冬至《とうじ》……日本《にほん》ではいろいろな行事《ぎょうじ》で季節《きせつ》を感《かん》じることができます。

「着《き》る・食《た》べる・すむ」

むかしはどんなものを食《た》べていたのでしょう？　着《き》るものは？　家《いえ》は？　むかしの人《ひと》のくらしをのぞいてみましょう。

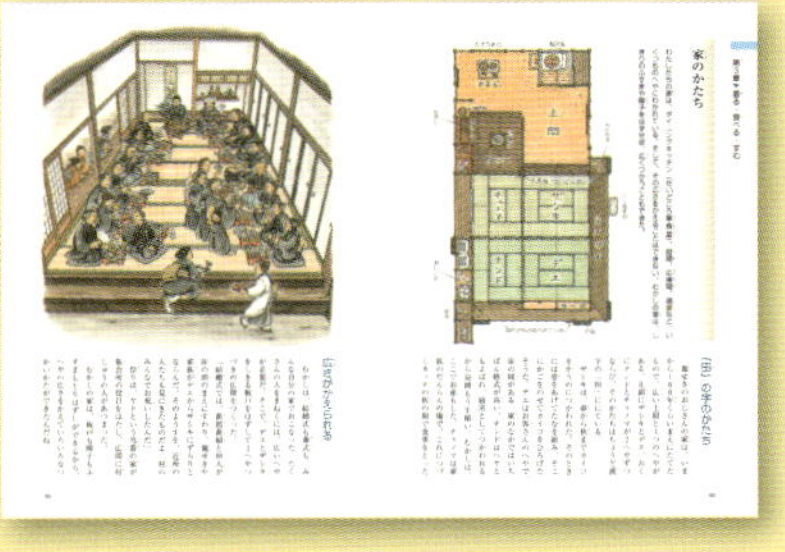

「生《い》きていくための仕事《しごと》」

生《い》きていくために、人《ひと》はむかしからさまざまな仕事《しごと》をしてきました。いまもかわらない職業《しょくぎょう》はあるのでしょうか？

「家《いえ》と人《ひと》のつながり」

家族《かぞく》から親《しん》せき、そしてご近所《きんじょ》や自治会《じちかい》へ。小《ちい》さなあつまりから大《おお》きなあつまりへ、家《いえ》と人《ひと》はつながっています。

いってみよう！

歴史《れきし》や伝統《でんとう》にふれることができる施設《しせつ》を紹介《しょうかい》しています。

読《よ》んでみよう！

日本《にほん》の知恵《ちえ》のことをもっと知《し》りたい人《ひと》のための読書《どくしょ》ガイドです。

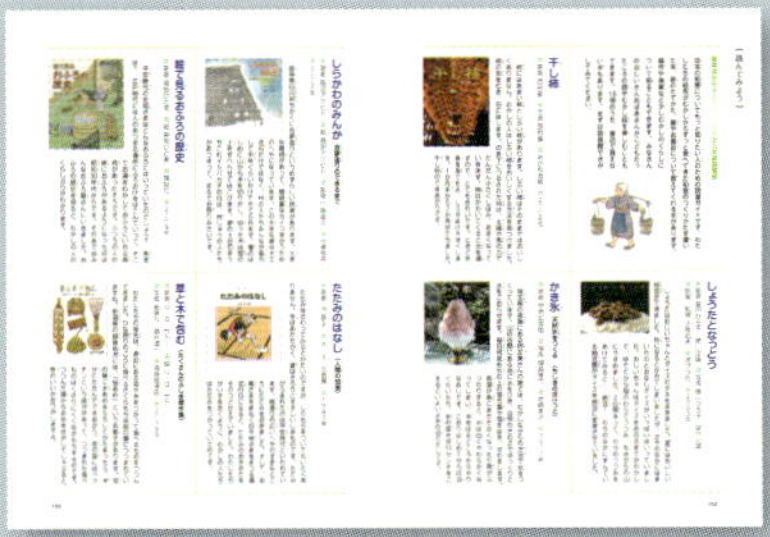

日本《にほん》には、古《ふる》くからたくさんのくらしの知恵《ちえ》があるって知《し》ってる?

ざんねんなことに、いまではもうそのほとんどがわすれられているんだ。

でも、わたしたちの先祖《せんぞ》がつたえてきた日本《にほん》の知恵《ちえ》は、わたしたちのくらしにとても役《やく》だつものばかり。

この本《ほん》にでてくるチエちゃんは、小学生《しょうがくせい》。

「なぜ? どうして?」

むかしながらの風習《ふうしゅう》や習慣《しゅうかん》・技《わざ》なんかをまわりのおとなたちにたずねていく。

さぁ、きみもいっしょにゆたかな日本《にほん》の知恵《ちえ》をさがしてみよう。

日野《ひの》チエ
本《ほん》を読《よ》むのが大《だい》すきな小学《しょうがく》1年生《ねんせい》。
お父《とう》さんとお母《かあ》さん、お父《とう》さんの両親《りょうしん》のおじいちゃん、おばあちゃんとくらしている。
もうすぐ弟《おとうと》か妹《いもうと》がうまれ家族《かぞく》がふえる。

おばあちゃんとおじいちゃん
チエちゃんのお母《かあ》さんの両親《りょうしん》。
長《なが》いお休《やす》みにはチエちゃんはかならずおとまりにいく。

ひいおばあちゃんとひいおじいちゃん
チエちゃんのお母《かあ》さんの祖父母《そふぼ》。
山《やま》の近《ちか》くの村《むら》で農業《のうぎょう》をいとなんでいる。
とても年《とし》をとっているけど、元気《げんき》に田《た》んぼや畑《はたけ》で仕事《しごと》をしている。

第《だい》1章《しょう》▼こどもの成長《せいちょう》

チエちゃんの家《いえ》に、もうすぐ赤《あか》ちゃんがうまれる。

お母《かあ》さんが赤《あか》ちゃんをうむ病院《びょういん》は、とてもきれいでごうか。

「いまのお母《かあ》さんたちは幸《しあわ》せだねぇ。むかしは家《いえ》でこどもをうんだんだ」

待合室《まちあいしつ》でおばあちゃんがいった。

おどろくチエちゃんにおばあちゃんは、ひいおばあちゃんからきいた話《はなし》を教《おし》えてくれた。

むかし、お産《さん》は命《いのち》がけだったし、なくなるこどももたくさんいたそうだ。

こどもがじょうぶにそだつように、いろいろなおいのりやおまいりをするのはそのためなんだって。

赤《あか》ちゃんがうまれる

チエちゃんのお母《かあ》さんに赤《あか》ちゃんがうまれる。「ぶじに赤《あか》ちゃんがうまれますように」といのるチエちゃん。おばあちゃんはそんなチエちゃんに、むかしはどうやって赤《あか》ちゃんをうんで、そだてていたのかを教《おし》えてくれた。

赤《あか》ちゃんのお父《とう》さんのお母《かあ》さん（赤《あか》ちゃんのおばあさん）が腹《はら》おびをまいている。

たくさんこどもをうむイヌはお産《さん》のまもり神《がみ》といわれている。腹《はら》おびをまくのも5か月目《げつめ》の戌《いぬ》の日《ひ》。

おび祝《いわ》い

お母《かあ》さんがおなかに赤《あか》ちゃんをさずかってから5か月《げつ》がすぎた。お母《かあ》さんのおなかがだんだん大《おお》きくなって、赤《あか》ちゃんがいることがわかるようになってきた。

きょうは、お母《かあ》さんのおなかに「さらし」という布《ぬの》を腹《はら》おびにしてまく「おび祝《いわ》い」の日《ひ》。おなかの赤《あか》ちゃんがぶじにうまれることをいのるおまじないのようなものだ。腹《はら》おびにはお母《かあ》さんのおなかをひやさないための役目《やくめ》もある。

「おび祝《いわ》い」によばれた親《しん》せきや近所《きんじょ》の人《ひと》たちは、ごちそうを食《た》べながら赤《あか》ちゃんがうまれることをお祝《いわ》いしてくれる。

赤《あか》ちゃんはおなかのなかにいるときから多《おお》くの人《ひと》に見《み》まもられているんだよ。

赤《あか》ちゃんをうむのは、家《いえ》のいちばんおくにあるうす暗《ぐら》いへやだった。
へやのすみにはほうきをたてて、ほうきの神《かみ》さまに赤《あか》ちゃんがらくにうまれるようにおねがいした。

赤《あか》ちゃんがうまれそうになっておなかがいたくなったら、うぶ神《がみ》さまから短《みじか》いろうそくをもらってきて家《いえ》で火《ひ》をつける。このろうそくがもえおわるまでに、お産《さん》がおわるといわれている。

とりあげばあさんとうぶ神《がみ》さま

いまは病院《びょういん》で赤《あか》ちゃんをうむことが多《おお》いけど、病気《びょうき》ではないのでむかしは家《いえ》でうんでいたんだ。

お産《さん》のときは、何人《なんにん》もこどもをうんだことのある「とりあげばあさん」にきてもらった。とりあげばあさんというのは、近所《きんじょ》にすんでいて、赤《あか》ちゃんがうまれるのをてつだってくれる産婆《さんば》さんのことだ。赤《あか》ちゃんととりあげばあさんとのむすびつきは、その子《こ》が大《おお》きくなってからもつづいた。

お産《さん》をたすけてくれる神《かみ》さまをうぶ神《がみ》さまという。その代表《だいひょう》はほうきの神《かみ》さま。大《おお》きくなったおなかをほうきでなでるとお産《さん》がらくになるそうだ。ほうきはふしぎな力《ちから》をもっているみたい。

はじめてのお風呂《ふろ》と赤《あか》ちゃんの着物《きもの》

赤《あか》ちゃんはお母《かあ》さんのおなかからうまれると、まずへその緒《お》を切《き》ってもらう。そして、体《からだ》をきれいにあらってもらう。とても気《き》もちよさそうだ。赤《あか》ちゃんの着物《きもの》は、じょうぶにそだつようにいろんな工夫《くふう》がされている。

うまれたばかりの赤《あか》ちゃんの体《からだ》をとりあげばあさんがやさしくあらう。むかしはたらいと洗濯板《せんたくいた》で洗濯《せんたく》したから、どこの家《いえ》にもたらいがあった。

お母《かあ》さんのおなかにいるとき、赤《あか》ちゃんはへその緒《お》をとおして栄養分《えいようぶん》をもらっていた。赤《あか》ちゃんとお母《かあ》さんをむすびつけていたたいせつなへその緒《お》は、きれいな箱《はこ》にしまってとっておく。

うぶ湯《ゆ》

うまれたばかりの赤《あか》ちゃんは、血液《けつえき》などでよごれているのですぐにお湯《ゆ》で体《からだ》をあらう。このお湯《ゆ》をうぶ湯《ゆ》とよぶ。うぶ湯《ゆ》には、赤《あか》ちゃんをあたためる意味《いみ》もあった。

うぶ湯《ゆ》にいれるのはとりあげばあさんの役目《やくめ》。大《おお》きなたらいにお湯《ゆ》をいれ、赤《あか》ちゃんがおぼれないように片《かた》うでで赤《あか》ちゃんの体《からだ》をしっかりとささえる。

赤《あか》ちゃんがうまれて7日目《かめ》や11日目《にちめ》に、おばあさんが赤《あか》ちゃんをだいて近所《きんじょ》の家《いえ》の便所《べんじょ》の神《かみ》さまにおまいりするところもあった。便所《べんじょ》はこの世《よ》とあの世《よ》をつなぐ場所《ばしょ》だという。

赤《あか》ちゃんがこの世《よ》でぶじに大《おお》きくなるように便所《べんじょ》の神《かみ》さまにおねがいしたのだろう。

アサの葉《は》もようのうぶ着《ぎ》を着《き》せてもらう。

うぶ着《ぎ》の背中《せなか》につける背守《せまも》りには糸《いと》を長《なが》くたらしたものやいろんなかたちをアップリケにしたものがあった。

100枚《まい》のはぎれをあわせてつくった着物《きもの》は「百徳《ひゃくとく》」着物《きもの》ともいわれた。パッチワークのようだ。

うぶ着《ぎ》

うまれたばかりの赤《あか》ちゃんは、布《ぬの》きれや真綿《まわた》でつつむとじょうぶにそだつといわれた。

そでのあるうぶ着《ぎ》を着《き》せてもらうのは、うまれて3日目《かめ》から7日《か》目《め》くらい。うぶ着《ぎ》はうこん色《いろ》でアサの葉《は》もようのものが多《おお》く、いまでも売《う》られている。そしてうぶ着《ぎ》の背中《せなか》には「背守《せまも》り」をつけることもあった。まだ力《ちから》の弱《よわ》い赤《あか》ちゃんの体《からだ》に魔物《まもの》がはいりこまないようにするためだ。

赤《あか》ちゃんの体《からだ》が弱《よわ》いときには、おおぜいの人《ひと》から布《ぬの》きれをもらって、それをぬいあわせてうぶ着《ぎ》をつくることもあった。多《おお》くの人《ひと》からもらった力《ちから》で、赤《あか》ちゃんが元気《げんき》にそだつようにとねがいをこめたんだ。

自分《じぶん》の名《な》まえで神《かみ》さまへごあいさつ

自分《じぶん》の名《な》まえは自分《じぶん》だけのもの。だけど名《な》まえは自分以外《じぶんいがい》の人《ひと》がよんでくれることのほうが多《おお》い。赤《あか》ちゃんは自分《じぶん》の名《な》まえをもらったら、神《かみ》さまに「わたしのことをよろしくおねがいします」とごあいさつにいく。

うまれてまもない赤《あか》ちゃんはおとなたちが話《はな》していることばはわからないけど、おおぜいの人《ひと》があつまってお祝《いわ》いしてくれていることはわかるかもね。

神《かみ》だなの下《した》に、こどもの名《な》まえを書《か》いた「命名《めいめい》ふだ」をさげ、この下《した》で親《しん》せきがあつまってお祝《いわ》いをした。

「大工《だいく》とおにろく」という話《はなし》は、鬼《おに》が名《な》まえをあてられて魔力《まりょく》をうしなう話《はなし》。名《な》まえにはふしぎな力《ちから》があることがわかるよね。

名《な》づけ

赤《あか》ちゃんに名《な》まえをつけるのは、うまれてから7日目《かめ》が多《おお》いそうだ。7日目《かめ》だから「お七夜《しちや》」ともいう。いまは両親《りょうしん》がこどもの名《な》まえをつけることが多《おお》いけど、むかしは親《しん》せきのなかでたよりになる人《ひと》や、神主《かんぬし》さん、お坊《ぼう》さんに名《な》まえをつけてもらうこともあった。その人《ひと》たちはこどもの「名《な》づけ親《おや》」とよばれて、一生《いっしょう》おつきあいをすることになった。

名《な》づけをお祝《いわ》いする日《ひ》には、赤《あか》ちゃんの頭《あたま》にはえた毛《け》をそることもあった。けれど、頭《あたま》のうしろのだ部分《ぶぶん》の毛《け》だけはのこしておいた。「ぼんのくぼ」とよばれるくぼんだ部分《ぶぶん》の毛《け》だけはのこしておいた。もしこどもがころんだら、こどもをまもる神《かみ》さまが、この毛《け》をもってひっぱりあげてくれるそうだ。

お宮《みや》まいりにかけていく着物《きもの》には、赤《あか》ちゃんの幸《しあわ》せをねがって、イヌの張《は》り子《こ》やせんす、でんでん太鼓《だいこ》、植物《しょくぶつ》のアサをつけることがある。

赤《あか》ちゃんのおでこに「×」と書《か》くことがある。命《いのち》にかかわるたいせつな部分《ぶぶん》をまもる意味《いみ》がある。むかしはかまどの炭《すみ》をつかって書《か》いたそうだ。

お宮《みや》まいり

うまれてから1か月《げつ》くらいすると、赤《あか》ちゃんの体《からだ》もだんだん大《おお》きくなってしっかりしてくる。お母《かあ》さんの体《からだ》も回復《かいふく》して、やっとふだんどおりの生活《せいかつ》にもどることができる。

このころ、赤《あか》ちゃんの家《いえ》がある土地《とち》の神《かみ》さまへはじめてあいさつにいく。これをお宮《みや》まいりという。おばあさんとお母《かあ》さんは着物《きもの》を着《き》て、赤《あか》ちゃんもとくべつにつくったかけ着物《きもの》をかけてもらっておでかけする。

家《いえ》をでるまえに、赤《あか》ちゃんのおでこに墨《すみ》で×じるしを書《か》くことがある。これは、赤《あか》ちゃんに魔物《まもの》がよってこないようにするおまじない。「犬《いぬ》」や「大《だい》」と書《か》くところもあるそうだ。

お食《く》いぞめと初《はつ》たん生《じょう》

生《い》きていくために、いちばんたいせつなことは食《た》べること。赤《あか》ちゃんがうまれてから節目《ふしめ》になる日《ひ》に、「一生《いっしょう》食《た》べることにこまりませんように……」と、赤《あか》ちゃんのぶじな成長《せいちょう》をねがったんだ。

お祝《いわ》いのぜんには、歯《は》がための石《いし》がそえられる。この石《いし》は、氏《うじ》神《がみ》さまの境内《けいだい》や川原《かわら》からひろってきた石《いし》をきれいにあらったもの。お祝《いわ》いのあとは神《かみ》だなにのせておいた。

関西《かんさい》ではゆでたタコを赤《あか》ちゃんにすわせる。タコはかんたんにはかみ切《き》れないので、やはり歯《は》がじょうぶになるようにとのねがいからなのだろう。

お食《く》いぞめ

うまれて100日《にち》から120日《にち》のあいだに、成長《せいちょう》をお祝《いわ》いして、赤《あか》ちゃんに1人前《にんまえ》の食事《しょくじ》を用意《ようい》して、食《た》べさせるまねをする。これを「お食《く》いぞめ」といい、ごはんを食《た》べて元気《げんき》にそだつようにとのねがいがこめられている。

赤《あか》ちゃんの口《くち》もとに米《こめ》をはこぶとき、はじめておはしをつかうので、「はしぞろえ」という地方《ちほう》もある。お食《く》いぞめの食事《しょくじ》のよこには小石《こいし》をそえる。これはじょうぶな歯《は》がはえてくるようにという意《い》味《み》から「歯《は》がため」とよばれている。赤《あか》ちゃんにこの石《いし》をなめさせることもあるそうだ。

じょうぶな歯《は》でいることが長《なが》生《い》きのひけつだと考《かんが》えられていたのだろう。

一升《いっしょう》もちには、「一生《いっしょう》食《た》べるのに苦労《くろう》しないように」との意味《いみ》もあるという。

へやのなかに、男《おとこ》の子《こ》なら筆《ふで》・そろばん・すずりなど、女《おんな》の子《こ》なら針《はり》・はさみ・指《ゆび》ぬきなどをおいて、こどもがなにをとるかでその子《こ》の将来《しょうらい》をうらなう「えらびとり」をすることもあった。

初《はつ》たん生《じょう》

うまれて1年目《ねんめ》は「初《はつ》たん生《じょう》」のお祝《いわ》い。1升《しょう》ぶんのもち米《ごめ》でついたもちを風呂《ふろ》しきにつつんで、こどもにせおわせる。これを「たん生《じょう》もち」とか「一升《いっしょう》もち」という。このもちはこどもにとってはは重《おも》いので、しりもちをついてしまう。それでも1、2歩《ほ》歩《ある》くと家族《かぞく》はおおよろこびする。

もちをせおわせたとき、すたすた歩《ある》けないように、こどもをむりにころばせる地方《ちほう》もあった。もちの上《うえ》にこどもをたたせて、あしでふませるところもある。これからどんどん歩《ある》けるように、力《ちから》をあたえてくれると考《かんが》えられていたようだ。むかしはこのときに「えらびとり」をして将来《しょうらい》の仕事《しごと》をうらなうこともあったんだ。

むかしの遊《あそ》び

赤《あか》ちゃんがうまれてから、おばあちゃんがチエちゃんのめんどうをみてくれている。ときどき、いっしょのふとんでねると、おばあちゃんはむかし話《ばなし》や、おばあちゃんがこどものころに遊《あそ》んだことをきかせてくれる。

いろりばたやねどこで、おじいさんやおばあさんがむかし話《ばなし》を語《かた》ってくれた。

小僧《こぞう》さんは山《やま》へクリひろいにいく。

やまんばがどこまでもおいかけてくる。

おふだをなげて「山《やま》でろ」というと山《やま》があらわれる。

和尚《おしょう》さんとの知恵《ちえ》くらべで豆粒《まめつぶ》ほどの大《おお》きさになったやまんばは、和尚《おしょう》さんに食《た》べられてしまう。

「3枚《まい》のおふだ」あらすじ

むかし話《ばなし》

こどもたちは、こどもが主人公《しゅじんこう》のむかし話《ばなし》が大《だい》すきだ。

「3枚《まい》のおふだ」というむかし話《ばなし》は、お寺《てら》で修行《しゅぎょう》している小僧《こぞう》さんが主人公《しゅじんこう》。山《やま》でクリひろいにむちゅうになった小僧《こぞう》さんは、お寺《てら》にかえれなくなる。ぐうぜんたどりついた家《いえ》はやまんばのすみかだった。小僧《こぞう》さんは食《た》べられそうになり、必死《ひっし》ににげるが、やまんばはどんどんおいかけてくる。そのとき、和尚《おしょう》さんにもらったおふだを小僧《こぞう》さんがなげると、おふだが山《やま》や川《かわ》になってやまんばのゆく手《て》をさえぎってくれる。

小僧《こぞう》さんがぶじにお寺《てら》にたどりついたとき、話《はなし》をきいていたこどもたちはほっとため息《いき》をつく。

「おやすみなさい」

ツルややっこさんなどいろいろなかたちをおった。

人形《にんぎょう》の赤《あか》ちゃんでおままごと。小《ちい》さなお母《かあ》さんはけんめいにおせわする。

ボールが見《み》えなくなるくらい暗《くら》くなるまで草野球《くさやきゅう》をした。おわりの合図《あいず》はだれかの「かえろうか」。

「たこにゅうどう」「かわいいコックさん」など絵《え》かき歌《うた》でも遊《あそ》んだ。

こどもたちの遊《あそ》び

ゲーム機《き》がなかったころ、こどもたちはどんな遊《あそ》びをしていたんだろう。

女《おんな》の子《こ》は千代紙《ちよがみ》でおり紙《がみ》をした。きれいな千代紙《ちよがみ》はとっておいて、友《とも》だちと交換《こうかん》するのも楽《たの》しみだった。そとでは、葉《は》っぱのお皿《さら》につんできた花《はな》をのせておかずにしておままごとをした。広《ひろ》いあき地《ち》があったから、男《おとこ》の子《こ》はそこで草野《くさや》球《きゅう》や陣《じん》とりをした。ときには男《おとこ》の子《こ》も女《おんな》の子《こ》もいっしょに鬼《おに》ごっこやけんけんぱをして遊《あそ》んだ。

夕日《ゆうひ》が赤《あか》くそまるころ、カラスが「カーカー」となきながら山《やま》のねぐらにかえっていく。遊《あそ》びの時間《じかん》はおわり。「またな」「またね」と、こどもたちもそれぞれ家《いえ》にかえっていった。

子守《こも》りとこどもの仕事《しごと》

おばあちゃんがこどものころ、6人《にん》きょうだいなんていう家《いえ》もめずらしくなかった。だから、赤《あか》ちゃんがうまれるときょうだいで「子守《こも》り」をしてめんどうをみた。こどももりっぱなはたらき手《て》だった。

せおう子《こ》も背《せ》が高《たか》くないから、赤《あか》ちゃんのあしが地面《じめん》につきそう。

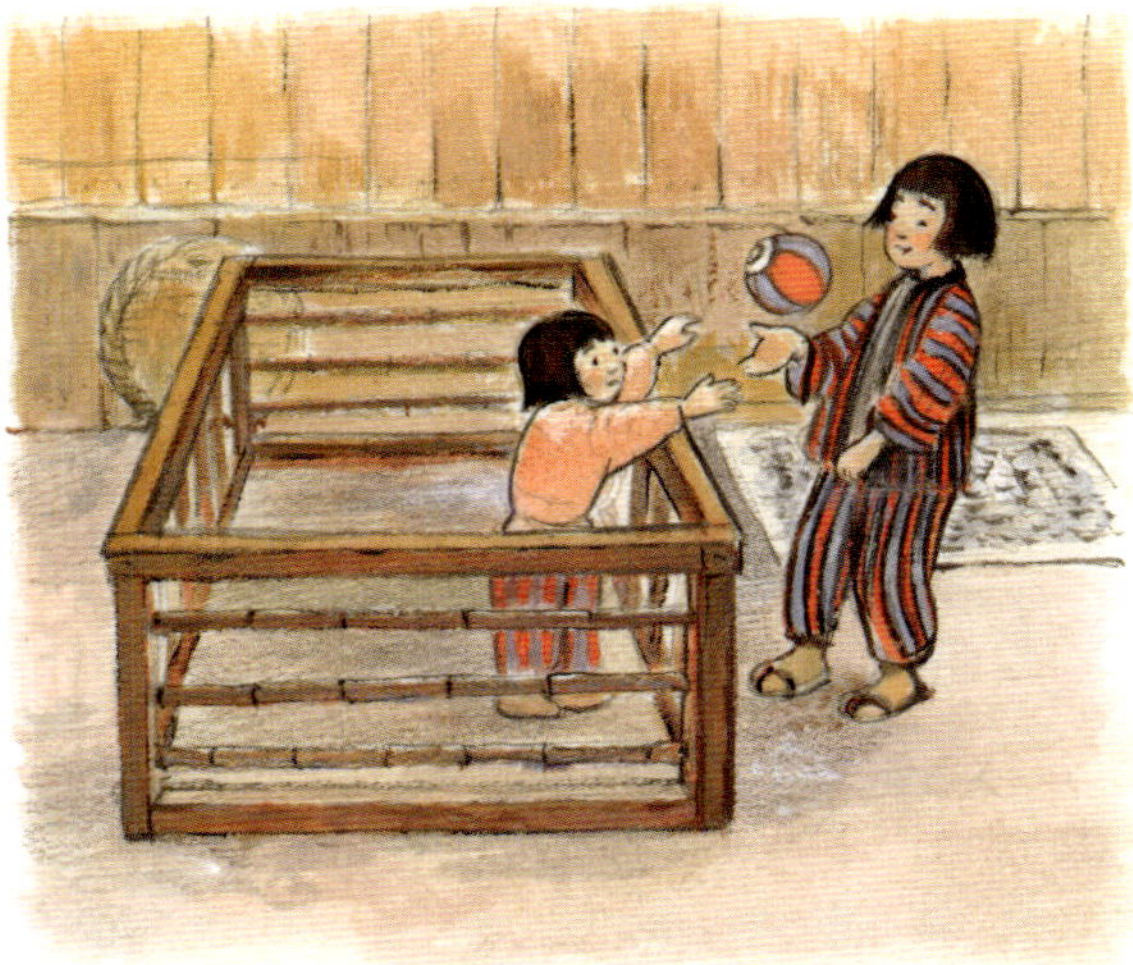

木《き》のわくで、歩《ある》きはじめたこどものかこいをつくった。

わらであんだエジコ。

子守《こも》り

小学生《しょうがくせい》が、背中《せなか》に赤《あか》ちゃんをおぶっている。むかしは、そんなすがたがあちこちで見《み》られた。弟《おとうと》や妹《いもうと》のめんどうをみるのはあたりまえ。おむつをかえてあげるのもこどもの仕事《しごと》だ。赤《あか》ちゃんがなきはじめたら、子守《こも》り歌《うた》をうたったり、でんでん太鼓《だいこ》であやしたり。でも、なかなかなきやまないこともあり、子守《こも》りもたいへんだった。

田《た》んぼや山《やま》でおとなが仕事《しごと》をしているときは、留守番《るすばん》はこどもにまかされることもあった。

赤《あか》ちゃんを田《た》んぼや畑《はたけ》へつれていくときは、わらであんだエジコにいれておいた。エジコにはおむつのかわりになる布《ぬの》をしいておく。お母《かあ》さんはいつでもようすをみることができた。

むかしの風呂《ふろ》は五右衛門《ごえもん》風呂《ふろ》。鉄《てつ》のかまの下《した》からまきをくべてわかす。底板《そこいた》をふみしめてはいる。

お母《かあ》さんにかわって、弟《おとうと》や妹《いもうと》のおむつをあらうこともあった。

クワ畑《ばたけ》まで大《おお》きなかごをせおっていく。

ムギふみをてつだう子《こ》もいた。

こどもの仕事《しごと》

こどもたちは子守《こも》りのほかにもたくさん仕事《しごと》をした。米《こめ》をといだり、赤《あか》ちゃんのおむつをあらったり。風呂《ふろ》をまきでたいていたときは、お湯《ゆ》があつくなりすぎないように火《ひ》かげんを見《み》たり、たき木《ぎ》を山《やま》にとりにいったりした。

カイコをかっていた時代《じだい》には、カイコにやるクワの葉《は》を山《やま》の畑《はたけ》にとりにいくのもこどもたちの仕事《しごと》だ。クワ畑《ばたけ》と家《いえ》を何往復《なんおうふく》もしてたいへんだったけど、たくさんとってかえるとほめてもらえた。

ムギふみをてつだう子《こ》もいた。秋《あき》にタネをまいたコムギ、オオムギを冬《ふゆ》に何回《なんかい》かふみつける。霜柱《しもばしら》によってうきあがった土《つち》をふむと、ムギの根《ね》がはり、さむさにたえられるそうだ。

じょうぶにそだつおまじない

うまれたばかりの赤《あか》ちゃんは病気《びょうき》にかかりやすい。病気《びょうき》にうち勝《か》つ力《ちから》がまだついていないから、風邪《かぜ》をひいただけで命《いのち》にかかわることもある。赤《あか》ちゃんを見《み》まもる人《ひと》たちは、心配《しんぱい》なのでじょうぶにそだつようおまじないをした。

かんの虫《むし》をおさえるためにお灸《きゅう》をすえる。

お灸《きゅう》をすえる場所《ばしょ》に筆《ふで》でしるしをつける。

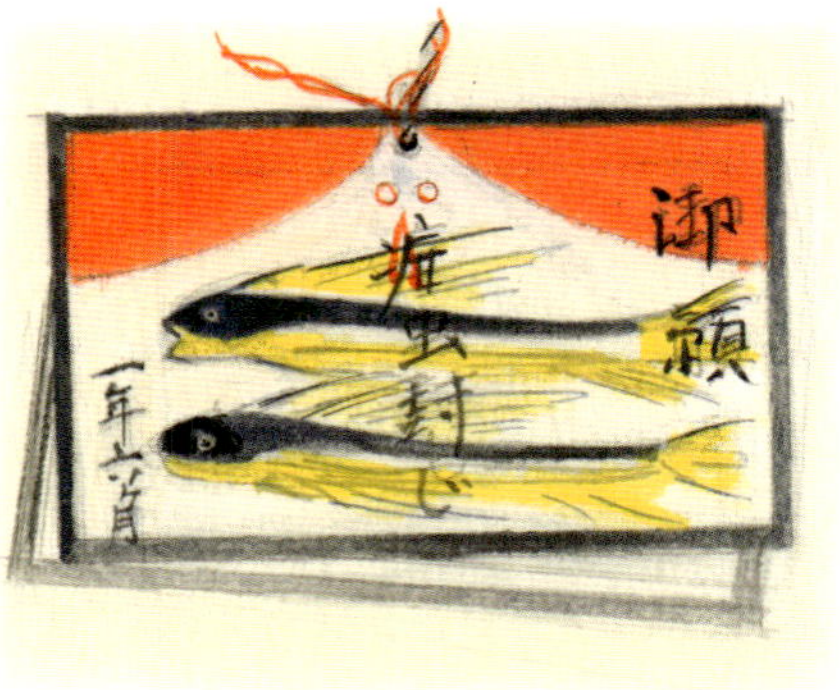

かんの虫《むし》がなおるようにトビウオなどの絵馬《えま》をおさめる。

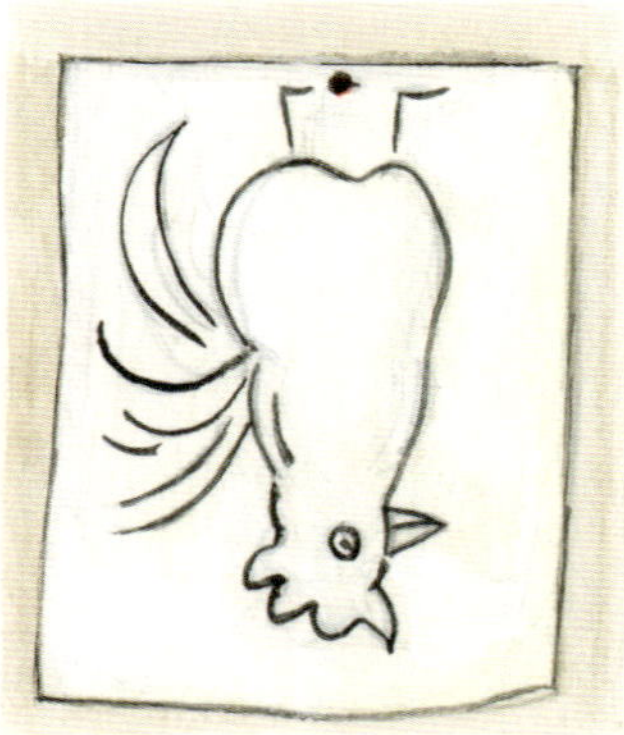

夜《よ》なきがやむようにニワトリの絵《え》をさかさにはる。

親《おや》が厄年《やくどし》のときにうまれた子《こ》を一度《いちど》すてて、厄《やく》を落《お》とす。

夜《よ》なきとかんの虫《むし》

夜中《よなか》に赤《あか》ちゃんが急《きゅう》になきだし、なかなかなきやまないことを「夜《よ》なき」という。「夜《よ》なき」は、子《こ》そだてをするお母《かあ》さんたちをとてもこまらせる。だから、ニワトリの絵《え》や「鬼《おに》」という字《じ》をさかさまにはるなど「夜《よ》なき」のおまじないがいろいろある。

夜《よ》なきは、こどもの体《からだ》のなかにいる「かんの虫《むし》」（かんしゃくの虫《むし》）がひきおこすと考《かんが》えられていた。だからお寺《てら》や神社《じんじゃ》で、この虫《むし》と縁《えん》を切《き》る「虫切《むしき》り」のおいのりをしてもらったり、虫《むし》よけのおふだをもらったりした。

厄《やく》を落《お》とすために、赤《あか》ちゃんを家《いえ》のそとにすてて、たのんでおいた人《ひと》にひろってもらうこともあった。

疱瘡《ほうそう》にかかったら、まくらもとに赤《あか》1色《しょく》の絵《え》をはる。

わらの上《うえ》にたてた赤色《あかいろ》の紙《かみ》は「ごへい」。これが疱瘡《ほうそう》の神《かみ》さま。

疱瘡《ほうそう》まんじゅうの先《さき》には赤色《あかいろ》のしるしをつけた。疱瘡《ほうそう》がなおるときにできる「かさぶた」をまねたものだ。

せきの神《かみ》さま

疱瘡《ほうそう》と百日《ひゃくにち》ぜき

むかし、いちばんおそろしいこどもの病気《びょうき》は疱瘡《ほうそう》だった。疱瘡《ほうそう》は天然痘《てんねんとう》という病気《びょうき》で、こどもに疱《ほう》瘡《そう》の神《かみ》さまがとりつくと病気《びょうき》になると考《かんが》えられていた。いまではなくなった病気《びょうき》だが、みんなが予防《よぼう》接種《せっしゅ》をしていたときにはそのあとにぐあいがわるくならないよう、疱瘡《ほうそう》の神《かみ》さまにだんごやまんじゅうなどをおそなえした。

せきがではじめるととまらない百日《ひゃくにち》ぜきも、こどもにはつらい病《びょう》気《き》だ。両親《りょうしん》は近所《きんじょ》のせきの神《かみ》さまによくおまいりしたものだった。ここにそなえてあるしゃもじをもちかえってこどもにごはんを食《た》べさせればせきがなおるといわれていた。なおったら新《あたら》しいしゃもじをそなえて、お礼《れい》まいりをした。

天神《てんじん》さまとこどもたち

チエちゃんは弟《おとうと》がうまれるまで、お母《かあ》さんに宿題《しゅくだい》をみてもらっていたけど、お姉《ねえ》さんになったから、宿題《しゅくだい》はひとりでやろうときめた。そんなチエちゃんにおじいちゃんはたいせつにしていた天神《てんじん》さまの人形《にんぎょう》をくれた。

天神《てんじん》さまをまつった神社《じんじゃ》には「合格《ごうかく》」をねがう絵馬《えま》がたくさんあがっている。

天神《てんじん》さまの人形《にんぎょう》は、たっていたり、すわっていたり、おつかいのウシにのっていたりと、さまざま。

江戸時代《えどじだい》の小学校《しょうがっこう》「寺子屋《てらこや》」では、天神《てんじん》さまをまつっていた。絵《え》のまえで年《ねん》に一度《いちど》、書道《しょどう》のコンテストがひらかれた。

天神《てんじん》さま

「北野天神《きたのてんじん》」とか「湯島天神《ゆしまてんじん》」、「亀戸天神《かめいどてんじん》」という「天神《てんじん》」をまつる神社《じんじゃ》を知《し》っている？

受験《じゅけん》のまえに、たくさんの人《ひと》がおまいりにきて、「どうか志望校《しぼうこう》に合格《ごうかく》できますように」といっておいのりをする。長《なが》くたれた帽子《ぼうし》をかぶって、手《て》に棒《ぼう》のようなものをもつ男《おとこ》の人《ひと》が天神《てんじん》さまだ。天神《てんじん》さまは、菅原道真《すがわらのみちざね》という平安時代《へいあんじだい》の人《ひと》。とても勉強《べんきょう》ができて、作文《さくぶん》も習字《しゅうじ》もじょうずだったから、「この人《ひと》のようにかしこくなりたい」とあこがれるこどもたちのねがいをきいてくれる神《かみ》さまになったんだって。

こうして、天神《てんじん》さまの土人形《つちにんぎょう》や絵《え》がつくられるようになった。とても人気《にんき》があったんだ。

「菅原道真《すがわらのみちざね》のように勉強《べんきょう》ができて字《じ》がじょうずになりますように」
神社《じんじゃ》ではこどもたちの習字《しゅうじ》を１年間《ねんかん》はっておくこともあった。

天神講《てんじんこう》をする家《いえ》では、天神《てんじん》さまのかけ軸《じく》や人形《にんぎょう》をかざる。いまは公民館《こうみんかん》で天神講《てんじんこう》をすることが多《おお》くなった。

天神講《てんじんこう》

天神講《てんじんこう》は、近所《きんじょ》のこどもたちがあつまる行事《ぎょうじ》。むかしは新《しん》1年生《ねんせい》がいる家《いえ》に町内《ちょうない》の小学生《しょうがくせい》があつまって、みんなでごちそうを食《た》べたり遊《あそ》んだりしてすごしたそうだ。こどもたちはこうしておたがいの顔《かお》をおぼえて、なかまになった。そのあともこまっている下級生《かきゅうせい》がいれば、上級生《じょうきゅうせい》がたすけてくれるようになる。

これとはべつに、こどもたちが習字《しゅうじ》が上達《じょうたつ》するように天神《てんじん》さまをまつる神社《じんじゃ》におまいりする天神講《てんじんこう》もある。

最上級生《さいじょうきゅうせい》である6年生《ねんせい》になると、こどもなかまの天神講《てんじんこう》ももう卒業《そつぎょう》だ。そうやって、こどもたちはおとなの世界《せかい》に一歩《いっぽ》ちかづいていくんだ。

お地蔵《じぞう》さまとこどもたち

夏休《なつやす》みがおわるころ、「こども組《ぐみ》」のこどもたちが中心《ちゅうしん》になってお地蔵《じぞう》さまをおまつりする。お地蔵《じぞう》さまのお祭《まつ》りではこどもがとくべつな役割《やくわり》をはたすんだって。おじいちゃんがこどものころからこのお祭《まつ》りはつづいている。

地蔵盆《じぞうぼん》の日《ひ》。前日《ぜんじつ》のうちに集会所《しゅうかいじょ》にたなを組《く》んでおく。お菓子《かし》やのみもの、おさいせんなどたくさんのおそなえをする。

冬《ふゆ》の地蔵祭《じぞうまつ》りではこどもたちがお地蔵《じぞう》さまを雪《ゆき》の上《うえ》をころがしながら家《いえ》いえをまわるところもある。家《いえ》のなかにお地蔵《じぞう》さまから落《お》ちた雪《ゆき》が多《おお》いほどよいという。

地蔵祭《じぞうまつ》り・地蔵盆《じぞうぼん》

8月《がつ》24日《か》の地蔵盆《じぞうぼん》は、こどもたちのお祭《まつ》り。こども組《ぐみ》がお堂《どう》からお地蔵《じぞう》さまをはこびだし、水《みず》できれいにあらってからお化粧《けしょう》をする。海辺《うみべ》の町《まち》では海水《かいすい》、湖《みずうみ》のほとりなら湖水《こすい》であらうこともある。

そのあと、町《まち》の集会所《しゅうかいじょ》にお地蔵《じぞう》さまをはこんでいく。たなも花《はな》などできれいにかざるので、この日《ひ》のお地蔵《じぞう》さまはとてもはなやか。

おとなたちがおまいりにくると、こどもたちはかねや太鼓《たいこ》をならして、「南無地蔵菩薩《なむじぞうぼさつ》」と大《おお》きな声《こえ》でとなえる。

こども組《ぐみ》の最年長《さいねんちょう》のリーダーは地蔵盆《じぞうぼん》を最後《さいご》にこども組《ぐみ》を卒業《そつぎょう》する。だから地蔵盆《じぞうぼん》はちょっとさびしい夏《なつ》の思《おも》いでになる。

いくさにあらわれたこどもはお地蔵《じぞう》さまだった。武士《ぶし》はありがたくてなみだをながした。この話《はなし》は「今昔物語集《こんじゃくものがたりしゅう》」という本《ほん》に書《か》かれている。

チエちゃんの通学路《つうがくろ》にもお地蔵《じぞう》さまがたっている。赤《あか》ちゃんがじょうぶにそだつようにと、このお地蔵《じぞう》さまに新《あたら》しい赤《あか》いよだれかけをかけておねがいする。

お地蔵《じぞう》さまはこどものすがた?

こども組《ぐみ》でお地蔵《じぞう》さまをおまつりするのはなぜだろう?

たとえば、こんな話《はなし》がある。

むかし、勇《ゆう》かんな武士《ぶし》がいた。ある日《ひ》、その武士《ぶし》はいくさで自分《じぶん》の矢《や》をすべてつかいはたした。こまっていると、どこからかひとりのこどもがあらわれて、武士《ぶし》に矢《や》をわたしてくれた。ところが、その子《こ》の背中《せなか》に矢《や》があたったとたん、こどもはきえてしまった。いくさがおわり、武士《ぶし》が故郷《こきょう》にかえってお寺《てら》におまいりすると、そこにたつ地蔵菩薩《じぞうぼさつ》の背中《せなか》に、一本《いっぽん》の矢《や》がささっていた。あのこどもはお地蔵《じぞう》さまだったのだ。

お地蔵《じぞう》さまはよくこどものすがたで人《ひと》びとをたすけてくださる。

年齢《ねんれい》のお祝《いわ》い

チエちゃんはもうすぐ7歳《さい》のお祝《いわ》いをする。買《か》ってもらった着物《きもの》はおとなの着物《きもの》とおなじかたち。これを着《き》ておまいりするのがいまから楽《たの》しみだ。むかしから、とくべつな年齢《ねんれい》になったことをお祝《いわ》いする習慣《しゅうかん》がある。

3歳《さい》は髪《かみ》をのばしはじめるお祝《いわ》い「かみおき」がもと。頭《あたま》に白《しろ》い帽《ぼう》子《し》をかぶせてマツの枝《えだ》をさし、白《しら》髪《が》になるまで長生《ながい》きするようおいのりした。

5歳《さい》ははかまをはかせる「はかまぎ」がもと。碁盤《ごばん》にたたせた男《おとこ》の子《こ》にはかまをつけてお祝《いわ》いすることもあった。

7歳《さい》には、着物《きもの》にぬいつけていたひもをとって、はじめておびをむすぶお祝《いわ》いをした。これは「ひもとき」ともいった。

七五三《しちごさん》

11月《がつ》15日《にち》は七五三《しちごさん》の日《ひ》。いまでは その日《ひ》にちかい土曜日《どようび》か日曜日《にちようび》に、きれいに着《き》かざったこどもたちが神社《じんじゃ》におまいりしている。

七五三《しちごさん》は、7歳《さい》の女《おんな》の子《こ》、5歳《さい》の男《おとこ》の子《こ》、3歳《さい》は男女《だんじょ》ともにその子《こ》の成長《せいちょう》をお祝《いわ》いする日《ひ》。この日《ひ》に食《た》べる千歳飴《ちとせあめ》には、元気《げんき》で長生《ながい》きできるようにというねがいがこめられている。

むかしは、うまれてきた赤《あか》ちゃんがみんなじょうぶにそだつとはかぎらなかった。だから、3歳《さい》、5歳《さい》、7歳《さい》とぶじに成長《せいちょう》することは大《おお》きなよろこびだった。

小学校《しょうがっこう》に入学《にゅうがく》し、町内《ちょうない》の「こども組《ぐみ》」にはいる7歳《さい》まで成長《せいちょう》するとひと安心《あんしん》。大《おお》きな区切《くぎ》りだったようだ。

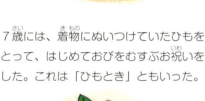

虚空蔵菩薩《こくうぞうぼさつ》は知恵《ちえ》をくださる仏《ほとけ》さま。
おまいりしたあとにふりむくと、いただいた知恵《ちえ》を落《お》としてしまうという。

7歳《さい》ではこどもの寸法《すんぽう》だった着物《きもの》も、13歳《さい》になるとおとなとおなじ寸法《すんぽう》になる。

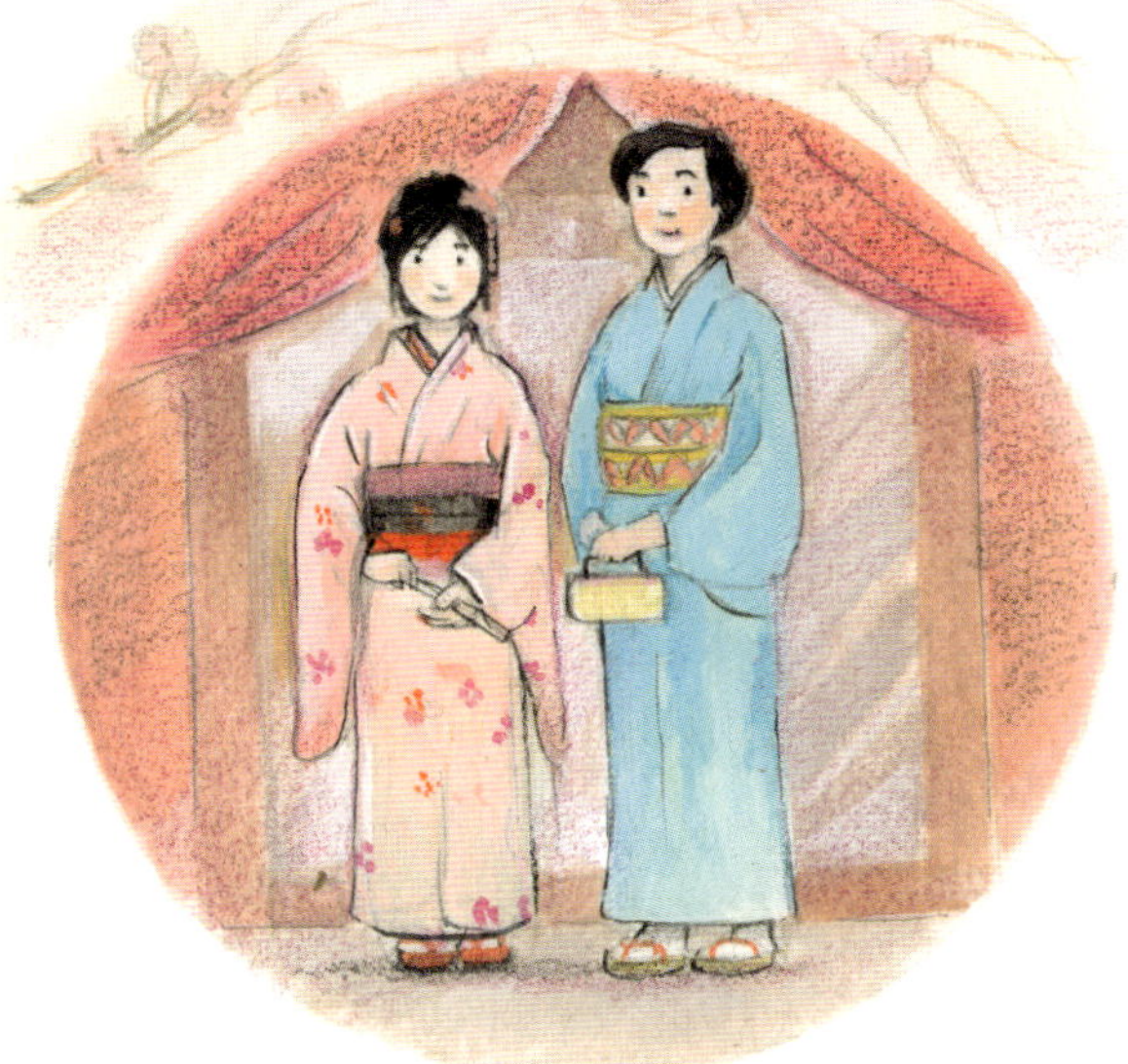

むかしは成人《せいじん》することを「元服《げんぷく》」といって、頭《あたま》に烏帽子《えぼし》（かんむり）をかぶせるという意味《いみ》だった。

烏帽子《えぼし》をつけてくれた人《ひと》はその子《こ》の「烏帽子親《えぼしおや》」となり、親子《おやこ》のように一生《いっしょう》つきあうことになった。

こどもからおとなへ

7歳《さい》のほかにも人生《じんせい》の区切《くぎ》りといえる年齢《ねんれい》がある。

たとえば女《おんな》の子《こ》は13歳《さい》になるとおとなとおなじ寸法《すんぽう》の着物《きもの》で虚空《こくう》蔵菩薩《ぞうぼさつ》におまいりにいく。これが十三《じゅうさん》まいりだ。ぶじに成長《せいちょう》した感《かん》謝《しゃ》と、おとなになるために必要《ひつよう》な知恵《ちえ》をいただきたいと仏《ほとけ》さまにおねがいをする。

男《おとこ》の子《こ》にとっては、こども組《ぐみ》から若者組《わかものぐみ》へなかまいりする15歳《さい》が、大《おお》きな区切《くぎ》りだった。むかしの成《せい》人式《じんしき》では前髪《まえがみ》をそったり、烏帽子《えぼし》をつけたり、ふんどしをしめたりして、まわりの人《ひと》たちにおとなになったことがわかるようにした。

若者組《わかものぐみ》にはいればもうおとな。こどもなかまとは遊《あそ》ぶこともできなくなったんだ。

第《だい》2章《しょう》▼年中行事《ねんじゅうぎょうじ》

来年《らいねん》のカレンダーをもらったチエちゃん。
よく見《み》てみると、小《ちい》さな字《じ》でなにか書《か》いてある。
元日《がんじつ》、七草《ななくさ》、鏡《かがみ》びらき……。
毎月《まいつき》たくさんの行事《ぎょうじ》があるみたい。
そういえば、きのうもお母《かあ》さんが、
「きょうは冬至《とうじ》だから、ゆず湯《ゆ》にはいるのよ」って、いっていたっけ。
冬至《とうじ》って、なんの日《ひ》？
節分《せつぶん》、ひな祭《まつ》り、端午《たんご》の節供《せっく》、七夕《たなばた》、お盆《ぼん》、お月見《つきみ》……。
カレンダーをペラペラめくって行事《ぎょうじ》の名《な》まえを見《み》ているだけで、
春夏秋冬《しゅんかしゅうとう》の季節《きせつ》を感《かん》じる。
もしかして、1年《ねん》は行事《ぎょうじ》でできているの？

正月《しょうがつ》をむかえる

新《あたら》しい1年《ねん》は、1月《がつ》1日《ついたち》に正月《しょうがつ》をむかえることではじまる。そのためにおおみそかまでにいろいろな準備《じゅんび》をする。チエちゃんのおばあちゃんがこどものころは、おおそうじ、もちつき、おせち料理《りょうり》づくりなど準備《じゅんび》がたくさんあったそうだ。

いろりからでる煙《けむり》には「すす」がまじっていててんじょうが黒《くろ》くなる。これをはくために、長《なが》いタケをつかった。でも、すすには木《き》をくさらせない力《ちから》もあった。

門松《かどまつ》はいまでも校門《こうもん》やデパートのいり口《ぐち》にたててある。もともとは山《やま》から大《おお》きなマツを伐《き》ってきてたてた。

やぶれた障子《しょうじ》もきれいにはりかえる。

おおそうじ

12月《がつ》になって、新《あたら》しい年《とし》をむかえる準備《じゅんび》として最初《さいしょ》にするのがおおそうじ。家族《かぞく》みんながいっしょになって、ふだんはそうじをしない場所《ばしょ》までていねいにする。

家《いえ》に「いろり」があった時代《じだい》には、家《いえ》のなかで火《ひ》をたくので、てんじょうなどには「すす」がついた。この「すす」を長《なが》いタケのほうきをつくってはきおとした。畳《たたみ》は家《いえ》のそとにだしてほこりをはたくから、とてもたいへんだ。やぶれた障子《しょうじ》もきれいにはりかえる。おおそうじは1日《にち》がかりの仕事《しごと》だったんだ。

こうやって家《いえ》のすみずみまできれいにするのは、正月《しょうがつ》の神《かみ》さまが、きれいな場所《ばしょ》でなければきてくれないからなんだって。

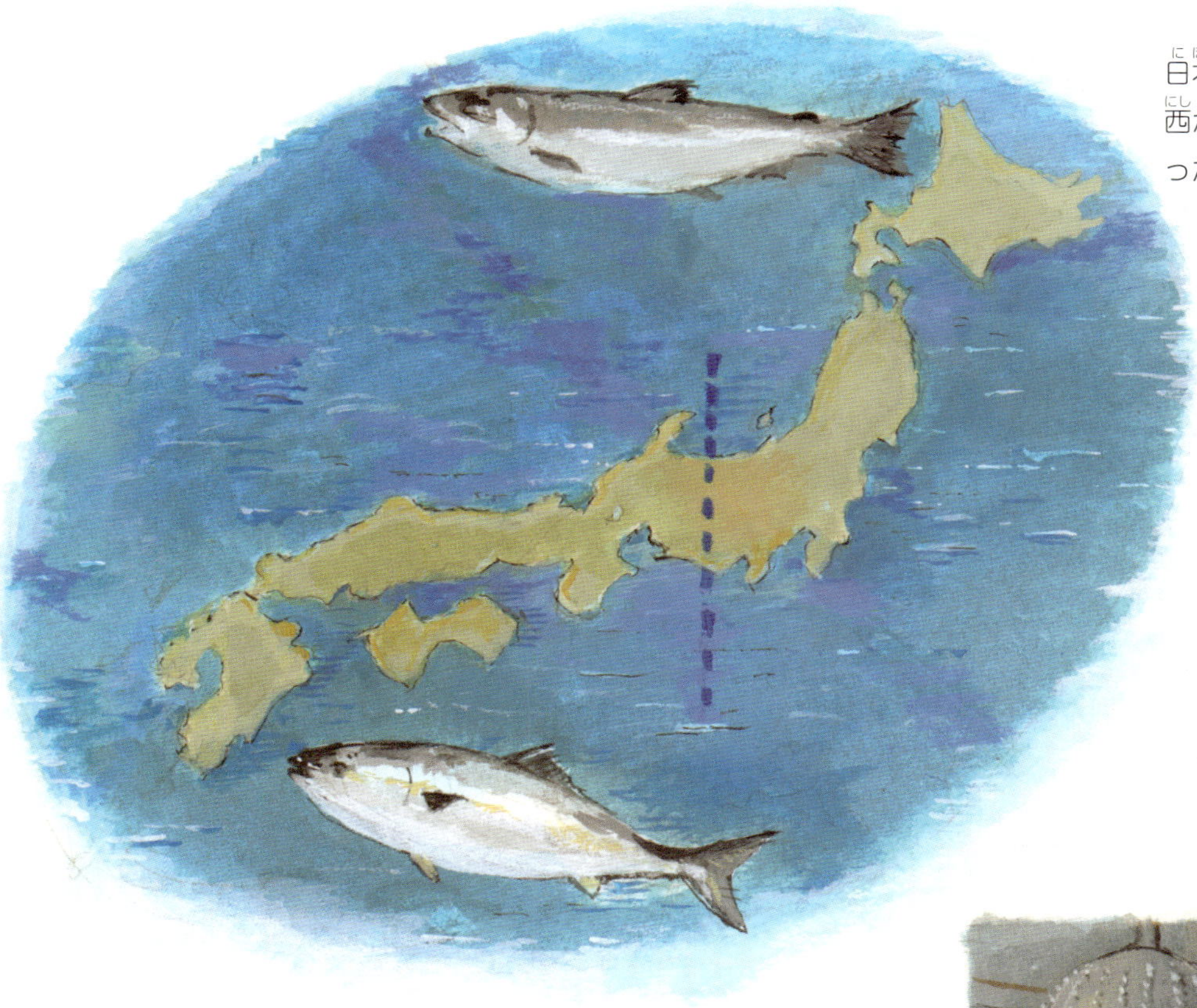

日本《にほん》の東《ひがし》がわは「サケ（シャケ）」西《にし》がわでは「ブリ」が正月《しょうがつ》の魚《さかな》だった。

おおみそかから元旦《がんたん》にかけて、除夜《じょや》の鐘《かね》がきこえてくる。108つならすきまりだというけど、いつも最後《さいご》までかぞえられずにねむってしまう。

家族《かぞく》ひとりひとりのまえにおかれた年《とし》とりのぜんには、かならず魚《さかな》があった。

年《とし》こしそばと年《とし》とり魚《ざかな》

いよいよおおみそか。いまは夕《ゆう》飯に「年こしそば」を食《た》べるけれど、これとはべつに「年《とし》こしのぜん」や「年《とし》とりのぜん」を食《た》べるところがある。このぜんには「年《とし》とり魚《ざかな》」というサケ（シャケ）やブリなどの魚《さかな》がかならずついた。このごちそうを食《た》べて新《あたら》しい年《とし》をむかえたんだ。

おおみそかは古《ふる》い年《とし》と新《あたら》しい年《とし》がいれかわるときだから、とくべつな時間《じかん》だと考《かんが》えられていた。元《がん》旦《たん》にかけて、１０８つの除夜《じょや》の鐘《かね》がならされる。「いろり」があった時代《じだい》には、おおみそかには火《ひ》をひと晩《ばん》じゅうたやさず、元日《がんじつ》までもやしつづけていた。こうすることで、家《いえ》の幸《しあわ》せがいつまでもつづくと考《かんが》えられていたんだ。

しめかざり

年末《ねんまつ》、スーパーマーケットに「しめかざり」が売《う》りだされると、チエちゃんは「もうすぐお正月《しょうがつ》」とわくわくした気分《きぶん》になる。この時期《じき》にだけいろんな種類《しゅるい》の「しめかざり」を売《う》る露店《ろてん》もでて、町《まち》じゅうが正月《しょうがつ》をおむかえしているみたい。

いろいろなしめかざり

神《かみ》だなのしめかざり

玄関《げんかん》のしめかざり

ごぼうじめ

輪《わ》かざりをつけた自動車《じどうしゃ》

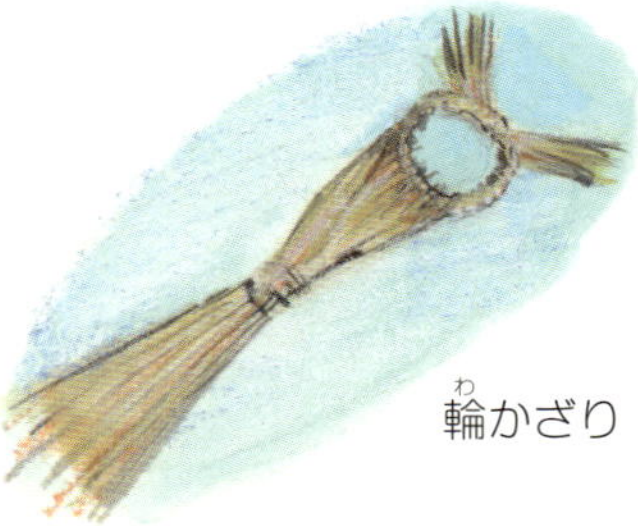

輪《わ》かざり

いろいろなかたちの「しめかざり」

家《いえ》の玄関《げんかん》につける「しめかざり」は、正月《しょうがつ》の神《かみ》さまにきてもらう目印《めじるし》。稲《いな》わらをまるい輪《わ》にして、ダイダイや葉《は》っぱのうらが白《しろ》いウラジロとよばれる植物《しょくぶつ》、白《しろ》い紙《かみ》を切《き》った紙垂《しで》をつけたものや、太《ふと》いなわに稲《いな》わらをたらしたものなどたくさんの種類《しゅるい》がある。

玄関《げんかん》のほかにも、神《かみ》だなやだいどころ、自動車《じどうしゃ》や自転車《じてんしゃ》にまでしめかざりをつけているのを見《み》かけることがある。大相撲《おおずもう》の横綱《よこづな》がまいているような太《ふと》いなわでできたしめかざりは「ごぼうじめ」とよばれ、自動車《じどうしゃ》や自転車《じてんしゃ》などの小《ち》さなものは「輪《わ》かざり」という。いまでも、稲《いな》わらを用意《ようい》できる家《いえ》では自分《じぶん》たちでつくることもある。

ドンドの火《ひ》でやいただんごやもちを食《た》べると、1年間病気《ねんかんびょうき》をしないといわれる。

神社《じんじゃ》の鳥居《とりい》の「しめなわ」は「しめかざり」とおなじ意味《いみ》。大《おお》きいのでおおぜいがあつまってつくる。

ドンドやきで門松《かどまつ》やしめかざりをもやす。

正月《しょうがつ》かざりをもやす

正月《しょうがつ》の神《かみ》さまはおおみそかの夜《よる》にやってきて、新《あたら》しい1年《ねん》を元気《げんき》にすごせるように力《ちから》をくれ、正月《しょうがつ》がおわるとかえってしまう。しめかざりは正月《しょうがつ》の神《かみ》さまをおむかえするためのものだから、正月《しょうがつ》がすぎればその役目《やくめ》はおわり。けれど神《かみ》さまのために用意《ようい》したものだから、ゴミといっしょにすててしまうことはできない。

そこで、1月15日《がつにち》ごろ、神社《じんじゃ》や広場《ひろば》でしめかざりや門松《かどまつ》をもやす。この火《ひ》でだんごやもちをやいて食《た》べると、1年間病気《ねんかんびょうき》をしないといわれる。これを「ドンドやき」とよぶ。

神《かみ》さまはドンドやきの煙《けむり》にのって、神《かみ》さまの世界《せかい》にかえっていくんだそうだ。

正月《しょうがつ》のとくべつな食《た》べもの

1年《ねん》の最初《さいしょ》の日《ひ》は元日《がんじつ》。元日《がんじつ》から3日《か》までは三《さん》が日《にち》。チエちゃんの家《いえ》では、三《さん》が日《にち》のあいだは、やいた四角《しかく》いもちがはいったしょうゆ味《あじ》の雑煮《ぞうに》を食《た》べる。「きょうはおもちをいくついれようかな……」チエちゃんのうれしいなやみだ。

元日《がんじつ》の朝《あさ》、お父《とう》さんが若水《わかみず》をくんでくる。

家族《かぞく》そろって雑煮《ぞうに》とおせちを食《た》べる。

重箱《じゅうばこ》にはいったおせち料理《りょうり》。いまではお店《みせ》に注《ちゅう》文《もん》する家《いえ》も少《すく》なくない。

家族《かぞく》そろって雑煮《ぞうに》を食《た》べる

正月《しょうがつ》に、ふだんは食《た》べないおせちや雑煮《ぞうに》を食《た》べるのは、新《あたら》しい年《とし》をむかえたとくべつなときだから。むかしは、元日《がんじつ》の朝《あさ》、まずは神《かみ》さまをまつった神《かみ》だなやなくなった人《ひと》をまつった仏《ぶつ》だんに雑煮《ぞうに》をおそなえした。このあと、家族《かぞく》そろって「新《あたら》しい年《とし》がいい年《とし》になるように」とねがって、おせちと雑煮《ぞうに》を食《た》べた。おせちは、おおみそかまでにたくさんつくっておく。これで、お母《かあ》さんは三《さん》が日《にち》の食事《しょくじ》の心《しん》配《ぱい》をしなくてもすむ。

雑煮《ぞうに》をにるための水《みず》は、元日《がんじつ》の朝《あさ》に家《いえ》の主人《しゅじん》が井戸《いど》でくんできたとくべつな水《みず》で、これを若水《わかみず》という。新《あたら》しい年《とし》のはじめに若水《わかみず》を体《からだ》にいれると、体《からだ》も心《こころ》もわかがえるような気《き》もちになるんだって。

全国《ぜんこく》の雑煮《ぞうに》

さまざまな雑煮《ぞうに》

正月《しょうがつ》に食《た》べる雑煮《ぞうに》は、日本《にほん》じゅうどこでもおなじじゃない。地方《ちほう》によって味《あじ》つけや具《ぐ》がちがうんだ。東京《とうきょう》の雑煮《ぞうに》は汁《しる》のなかに四角《しかく》いもちをやいていれる。やき目《め》がついていてこうばしい。味《あじ》はしょうゆ味《あじ》。とり肉《にく》やサトイモ、シイタケ、ニンジンをいれる家《いえ》もある。京都《きょうと》の雑煮《ぞうに》はまるいもちをやかずに汁《しる》でにるので、もちはやわらかい。味《あじ》はあまめの白《しろ》みそ味《あじ》。これにダイコン、サトイモ、ニンジンをいれるのが基本《きほん》。

　もちのかたちは、紀伊半島《きいはんとう》の北《きた》から能登半島《のとはんとう》の西《にし》を南北《なんぼく》にむすんだあたりをさかいにかわってくるといわれている。正月《しょうがつ》、雑煮《ぞうに》にどんなかたちのもちがはいっているか、見《み》てみよう。

鏡《かがみ》もちとお年玉《としだま》

正月《しょうがつ》の楽《たの》しみはなんといっても「お年玉《としだま》」。チエちゃんはお父《とう》さんやおじいちゃんたちから小《ちい》さな袋《ふくろ》にはいったお年玉《としだま》をもらう。でもおじいちゃんのこどものころは、お年玉《としだま》はお金《かね》じゃなくて、小《ちい》さなまるいもちだったそうだ。

もちつきは家族《かぞく》みんながそろうにぎやかな行事《ぎょうじ》。

「どうして鏡《かがみ》もちっていうの？」
むかしの鏡《かがみ》はぜんぶまるいかたちだったから、鏡《かがみ》もちなんだって。

鏡《かがみ》もちは数日《すうじつ》でかたくなってひびわれてくる。もちをわるとき、刃《は》ものをつかうとえんぎがわるいといわれている。

鏡《かがみ》もち

12月《がつ》になると、スーパーやコンビニでプラスチックにはいった「鏡《かがみ》もち」が売《う》りにだされる。鏡《かがみ》もちは新《あたら》しい年《とし》をくれる正月《しょうがつ》の神《かみ》さまへのおそなえもの。むかしは12月末《がつまつ》になると、どこの家《いえ》でも「ぺったんぺったん」というもちつきの音《おと》がひびいた。朝《あさ》はやくからもち米《ごめ》をせいろでむし、むしあがった米《こめ》を臼《うす》にいれて、きねでつく。つきたてのあたたかくてやわらかいもちをまるめて、ふたつ重《かさ》ねて鏡《かがみ》もちにしたら神《かみ》だななどにそなえる。

鏡《かがみ》もちを食《た》べるのは1月《がつ》11日《にち》の「鏡《かがみ》びらき」。神《かみ》だなからおろしておしるこなどにする。こどもたちは鏡《かがみ》びらきのあまいおしるこを楽《たの》しみにしていたそうだ。

ほんとうのお年玉《としだま》は小《ちい》さなまるいもち。

お年玉《としだま》をいれるポチ袋《ぶくろ》。

お年玉《としだま》をもらうこどもたち。お兄《にい》さんやお姉《ねえ》さんが少《すこ》し多《おお》かった。

ほんとうのお年玉《としだま》

こどもたちにとってお年玉《としだま》は、1年《ねん》のはじめに、おとなたちからもらえるおこづかいだ。でも、お年玉《としだま》はもともとお金《かね》ではなく、てのひらにのるくらいの小《ちい》さなまるいもちだった。トシダマのトシは「年《とし》」、タマは「たましい」という意味《いみ》。新《あたら》しい年《とし》の神《かみ》さまの力《ちから》がこもったもちは、これからの1年間《ねんかん》の元気《げんき》のもとみたいなもの。年《とし》のはじめにこのもちを食《た》べればその年《とし》は元気《げんき》にすごすことができるといわれていた。

おおみそかの夜《よる》か、元日《がんじつ》の朝《あさ》、家《いえ》の主人《しゅじん》から家族《かぞく》ひとりひとりにまるいもちのお年玉《としだま》が手《て》わたされた。ならんですわった家族《かぞく》の頭《あたま》の上《うえ》に、お父《とう》さんが鏡《かがみ》もちをのせるふりをすることもあった。

七草《ななくさ》

きょうは1月《がつ》7日《か》。お母《かあ》さんがだいどころで七草《ななくさ》がゆの準備《じゅんび》をしている。チエちゃんはあまりおいしいと思《おも》ったことはない。でも、毎年《まいとし》「これを食《た》べると1年健康《ねんけんこう》でいられるよ」とおばあちゃんにいわれるから、のこさず食《た》べている。

春《はる》の七草《ななくさ》

セリ
ナズナ（ペンペングサ）
ゴギョウ
（ハハコグサ）
ハコベラ
（ハコベ）
スズシロ
（ダイコン）
ホトケノザ（タビラコ）
スズナ（カブ）

七草《ななくさ》がゆ

七草《ななくさ》がゆは1年《ねん》を健康《けんこう》ですごせるように、新《あたら》しい年《とし》のはじめにみずみずしい植物《しょくぶつ》の力《ちから》を体《からだ》にとりいれるためのもの。1月《がつ》7日《か》がちかづくと、スーパーのたなには春《はる》の七草《ななくさ》をパックづめした「七草《ななくさ》セット」がならぶ。むかしはこんなセットはなかったから、家《いえ》の近所《きんじょ》にはえている草《くさ》や野菜《やさい》をとってきておかゆにいれた。だから、七草《ななくさ》ぜんぶそろわないことがふつうだった。だけど、スズナやスズシロだけがはいったおかゆでも、七草《ななくさ》を食《た》べたときとおなじ効果《こうか》があるといわれていた。

おかゆがあつくてもフーフーとふいてはいけない。七草《ななくさ》がゆをふくと「大風《おおかぜ》がふく」からなんだって。

七草《ななくさ》たたき。お父《とう》さんやおじいさんがすることが多《おお》かった。

ツメをひたすおまじない。新年《しんねん》になってはじめてツメを切《き》る日《ひ》でもあった。

七草《ななくさ》たたき

七草《ななくさ》は、おかゆにいれるまえにたたくことになっている。まな板《いた》の上《うえ》に七草《ななくさ》をのせて、両手《りょうて》に包丁《ほうちょう》とすりこぎをもって、トントンとと音《おと》をさせながらたたく。このときはこんな呪文《じゅもん》もとなえる。

♪七草《ななくさ》ナズナ、唐土《とうど》の鳥《とり》が、日本《にほん》の国《くに》に、わたらぬ先《さき》に、ストトントン

この呪文《じゅもん》には、わるい病気《びょうき》をもたらす鳥《とり》がこの日《ひ》に外国《がいこく》からわたってくるので、その鳥《とり》をおいはらうという意味《いみ》があったんだって。

むかしは、水《みず》をはったちゃわんに七草《ななくさ》の汁《しる》をいれて、そこにツメをひたすとツメの病気《びょうき》にかからないというおまじないもしたそうだ。新年《しんねん》、はじめてツメを切《き》るのもこの日《ひ》だった。

豆《まめ》まき

「さあ、豆《まめ》まきをしよう!」夕飯《ゆうはん》のまえ、お父《とう》さんは神《かみ》だなにあったますをもった。このなかには、いったダイズがたっぷり。お父《とう》さんは大《おお》きな声《こえ》で、「鬼《おに》はそと! 福《ふく》はうち!」といいながら、家《いえ》じゅうに豆《まめ》をまきはじめた。

ますにいった豆《まめ》をいれる。

やきかがしの目的《もくてき》は、イワシのくさいにおいとヒイラギの葉《は》のとげで鬼《おに》などの魔物《まもの》が家《いえ》にはいらないようにすること。

鬼《おに》をやっつける

節分《せつぶん》は季節《きせつ》のかわり目《め》のこと。だから、春夏秋冬《しゅんかしゅうとう》それぞれに節分《せつぶん》があった。でも、いちばんまちどおしい春《はる》が、いつのまにか節分《せつぶん》を代表《だいひょう》することになった。立春《りっしゅん》の前《ぜん》日《じつ》の節分《せつぶん》には鬼《おに》がくると考《かんが》えられていたから、豆《まめ》をぶつけて鬼《おに》をおいだしたり、家《いえ》のいり口《ぐち》にやきかがしをさして鬼《おに》をいれないようにしたりした。やきかがしはヒイラギの小枝《こえだ》にイワシの頭《あたま》をさして火《ひ》であぶったもの。やいかがしともいう。ヒイラギのとげとげと、やいたイワシのくさいにおいで鬼《おに》がにげていくんだって。

豆《まめ》まきは家《いえ》の主人《しゅじん》がすることが多《おお》かった。豆《まめ》のいれものの「ます」は米《こめ》や豆《まめ》をはかる道具《どうぐ》。最近《さいきん》はラッカセイをまく家《いえ》もふえた。

いろりの灰《はい》の上《うえ》に12粒《つぶ》の豆《まめ》をならべて天候《てんこう》をうらなう。豆《まめ》がやけずに白《しろ》いままなら晴《は》れ、黒《くろ》くなれば雨《あめ》、そこからとびだすと風《かぜ》が強《つよ》いという。

全国《ぜんこく》に恵方巻《えほうまき》が知《し》られるようになったのは、西暦《せいれき》2000年《ねん》よりあと。

豆《まめ》と恵方巻《えほうまき》

豆《まめ》まきのあと、豆《まめ》を自分《じぶん》の年《とし》の数《かず》よりひとつだけ多《おお》く食《た》べるとよいといわれている。節分《せつぶん》にはみんなが年《とし》をとると考《かんが》えられていたからだ。

節分《せつぶん》の夜《よる》には豆《まめ》をやいて豆《まめ》うらないをすることもあった。いろりの灰《はい》の上《うえ》に豆《まめ》を12粒《つぶ》ならべて、そのやけぐあいで毎月《まいつき》の天候《てんこう》をうらなったんだ。まいた豆《まめ》をとっておいて、夏《なつ》に雷《かみなり》よけになるといって食《た》べることもあった。

ちかごろは、節分《せつぶん》には豆《まめ》よりも恵方巻《えほうまき》を食《た》べることが多《おお》いかもしれない。恵方《えほう》というのはその年《とし》のえんぎのよい方向《ほうこう》のこと。恵方《えほう》にむかってぜったいにしゃべらずにまきずしをまるかじりする。そうすると、よいことがあるんだって。

ひな祭《まつ》り

3月《がつ》3日《か》はひな祭《まつ》り。お母《かあ》さんといっしょにひな人形《にんぎょう》をかざって、チエちゃんはごきげん。おひなさまに桃《もも》の花《はな》とひしもちをおそなえして、ぼんぼりのあかりをつけると、おひなさまの顔《かお》がほんのり桃色《ももいろ》にかがやいた。

七段《しちだん》かざりのおひなさま。段《だん》の上《うえ》に赤《あか》い毛《もう》せんをしいて、だいりびな、三人官女《さんにんかんじょ》、五人《ごにん》ばやしなどをかざる。この絵《え》のいちばん上《うえ》の段《だん》のだいりびなは、むかしのならべかた。京都《きょうと》ではいまもこのならびが多《おお》い。

ひな人形《にんぎょう》

ひな祭《まつ》りに人形《にんぎょう》をかざるのはなぜだろう？

むかしは紙《かみ》でつくった人形《にんぎょう》で体《からだ》をなでて、自分《じぶん》の体《からだ》についたわるいものをその人形《にんぎょう》にうつしたそうだ。そして、これを川《かわ》や海《うみ》にながしていたんだって。こどもたちがひな人形《にんぎょう》を川《かわ》にながしたり、川原《かわら》でひな人形《にんぎょう》をかざっておかゆを食《た》べたりする行事《ぎょうじ》は、むかしのひな祭《まつ》りのかたちをのこしているんだ。

高価《こうか》な人形《にんぎょう》がつくられるようになると、人形《にんぎょう》を川《かわ》や海《うみ》にながすことができなくなって、毎年《まいとし》人形《にんぎょう》をだしてかざるようになった。

いまでは、女《おんな》の子《こ》がうまれると、その子《こ》のお母《かあ》さんの実家《じっか》からひな人形《にんぎょう》がおくられることが多《おお》いようだ。

ながしびなは、わらでつくった「さんだわら」に紙《かみ》でつくったおひなさまをのせて川《かわ》にながす。

ひな人形《にんぎょう》にお酒《さけ》に桃《もも》の花《はな》をさした桃酒《ももざけ》やひしもち、ひなあられをおそなえする。タイやワラビ、タケノコなどのかたちにした色《いろ》とりどりのひな菓《が》子《し》をそなえるところもある。

ひな祭《まつ》りの食《た》べもの

3月《がつ》3日《か》はひな節供《せっく》ともいう。3・5・7のような奇数《きすう》はえんぎがよい数《かず》と考《かんが》えられていて、奇数《きすう》が重《かさ》なる3月《がつ》3日《か》や5月《がつ》5日《か》、7月《がつ》7日《か》はとくにおめでたい日《ひ》。こういう日《ひ》は「節供《せっく》」といって、いろいろな行事《ぎょうじ》がある。とくべつな食《た》べものもある。ひな人形《にんぎょう》におそなえするひしもちや桃《もも》の花《はな》には、わるいものをはらいのける力《ちから》があると考《かんが》えられている。ひしもちは白《しろ》、緑《みどり》、赤《あか》と色《いろ》がついていて、緑《みどり》はヨモギという草《くさ》をいれてついたもち。ヨモギにはわるいものをはらう力《ちから》があるそうだ。

この日《ひ》に食《た》べるハマグリなど貝《かい》のおすいものも、体《からだ》についたわるいものを海《うみ》や川《かわ》でながしていた古《ふる》い時代《じだい》のすがたがのこったものだ。

花祭《はなまつ》り

4月《がつ》8日《か》はお釈迦《しゃか》さまのたん生日《じょうび》の花祭《はなまつ》り。チエちゃんはおばあちゃんと近所《きんじょ》のお寺《てら》にでかけた。お寺《てら》にはツツジやツバキなどでやねをきれいにかざった小《ちい》さなお堂《どう》がおかれ、その下《した》に小《ちい》さなお釈迦《しゃか》さまがたっていた。

お釈迦《しゃか》さまのお母《かあ》さんは、お釈迦《しゃか》さまを身《み》ごもったとき、おなかに白《しろ》いゾウがはいる夢《ゆめ》をみた。花祭《はなまつ》りの日《ひ》にこどもたちが白《しろ》いゾウをひっぱって歩《ある》くのは、このためだ。

花御堂《はなみどう》のお釈迦《しゃか》さまにあま茶《ちゃ》をかける。

あま茶《ちゃ》をかける

小《ちい》さなお釈迦《しゃか》さまは、右手《みぎて》は天《てん》を左手《ひだりて》は地《ち》をさしてたっている。参道《さんどう》からこどもたちが白《しろ》いゾウをひっぱって歩《ある》く声《こえ》がきこえてきた。

花祭《はなまつ》りにきた人《ひと》はみんな、お釈迦《しゃか》さまの像《ぞう》にあま茶《ちゃ》をかける。これはお釈迦《しゃか》さまがうまれたあと、天《てん》からおりてきた龍《りゅう》があまい雨《あめ》をふらせて体《からだ》をあらったからなんだって。

あま茶《ちゃ》は、のむと体《からだ》がじょうぶになるとか、目《め》につけると目《め》がよくなるともいうらしい。また、墨《すみ》にあま茶《ちゃ》をまぜて「千早《ちはや》ふる卯月《うづき》八日《ようか》は吉日《きちじつ》よ神《かみ》さげ虫《むし》をせいばいぞする」と書《か》いて柱《はしら》にはると虫《むし》よけになるといわれている。虫《むし》は下《した》からはいあがってくるから、歌《うた》の紙《かみ》はさかさにはるそうだ。

竹《たけ》ざおの先《さき》にくくりつけた天道花《てんとうばな》。4月《がつ》は古《ふる》くから「卯月《うづき》」とよばれた。この時期《じき》にさくウノハナも天道《てんとう》花《ばな》につかわれた。

あま茶《ちゃ》の原料《げんりょう》はヤマアジサイの一種《いっしゅ》。葉《は》を発酵《はっこう》させるとあまくなり、乾燥《かんそう》させた葉《は》をにだすとあま茶《ちゃ》になる。

花《はな》をつむ日《ひ》

4月《がつ》8日《か》、お寺《てら》ではお釈迦《しゃか》さまのお堂《どう》のやねを花《はな》でかざるけど、家《いえ》ではお釈迦《しゃか》さまとは関係《かんけい》なく、山《やま》にいって花《はな》をつみ、玄関《げんかん》や仏《ぶつ》だんなどにかざった。

京都《きょうと》や奈良《なら》などの関西《かんさい》では、竹《たけ》ざおの先《さき》にツツジ、ウノハナなどの花《はな》をたばねて、庭《にわ》に高《たか》くたてる。お天道《てんとう》さま（太陽《たいよう》）に見《み》えるようにしてかざることから天道花《てんとうばな》ともよばれた。かれたあともとっておいて、ゆくえ不明《ふめい》の人《ひと》がいたらもやした。煙《けむり》がながれる方向《ほうこう》をさがすと見《み》つかることがあったんだって。

この時期《じき》、いっせいにさきはじめた花《はな》には、人間《にんげん》にはわからないふしぎな力《ちから》があると考《かんが》えられていたのかもしれない。

端午《たんご》の節供《せっく》

5月《がつ》5日《か》はこどもの日《ひ》。この日《ひ》は端午《たんご》の節供《せっく》で、ちまきとかしわもちがつきもの。チエちゃんとお父《とう》さんは和菓子屋《わがしや》でかしわもちを買《か》ってから、花屋《はなや》でショウブを2たば買《か》った。お父《とう》さんは「こんやはショウブ湯《ゆ》だ」とごきげん。

家《いえ》のやねにショウブとヨモギをたばねてさす。

この日《ひ》、男《おとこ》の子《こ》はショウブをたばねた棒《ぼう》で、地面《じめん》をたたきあう「ショウブうち」をした。音《おと》の大《おお》きいほうが勝《か》ち。たばねたなわが切《き》れたら負《ま》け。

ショウブの力《ちから》

ショウブからさわやかなかおりがひろがる。このかおりが魔《ま》よけになるのだそうだ。それにショウブの葉《は》っぱは刀《かたな》ににているから、わるいものをよせつけないと信《しん》じられてきたらしい。

むかしは、どこの家《いえ》でも端午《たんご》の日《ひ》にはショウブとヨモギをたばにしてやねにさしていた。また、ショウブはお風呂《ふろ》にいれてはいったり、頭《あたま》にまいたりもする。

ショウブにまつわるこんなむかし話《ばなし》がある。やまんばにおいかけられた男《おとこ》が、ショウブのはえているところににげこんだ。すると、やまんばは「あれにさわるとわたしの体《からだ》はくさってしまう」とくやしがっておいかけるのをやめ、男《おとこ》はたすかったんだって。

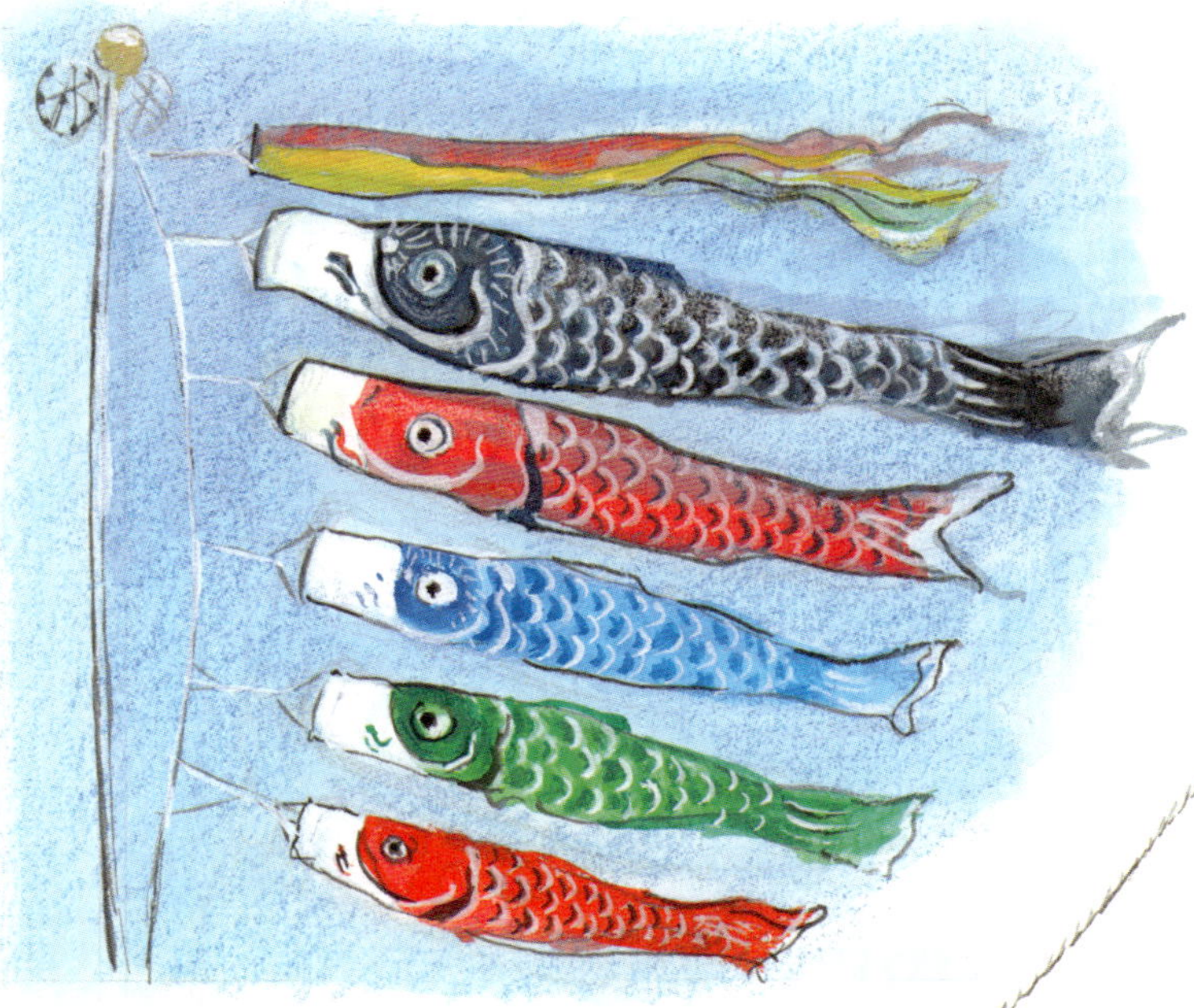

男《おとこ》の子《こ》のたん生《じょう》をお祝《いわ》いする大《おお》きなたこが空《そら》いっぱいにあがっている。

こいのぼりは、さおの上《うえ》から順《じゅん》に球《たま》、矢車《やぐるま》、5色《しき》のふきながし、いろいろなコイをとりつける。ふきながしの5色《しき》は魔《ま》よけの色《いろ》。

よろいやかぶとをかざるのは、強《つよ》くたくましい男《おとこ》の子《こ》になってほしいというねがいから。

男《おとこ》の子《こ》のお祝《いわ》い

端《たん》午《ご》の節《せっ》供《く》は男《おとこ》の子《こ》の成長《せいちょう》をお祝《いわ》いする日《ひ》。男《おとこ》の子《こ》のいる家《いえ》では、よろいやかぶと、武者人形《むしゃにんぎょう》や金太郎《きんたろう》などの人形《にんぎょう》をかざり、ちまきやかしわもちをそなえる。かしわもちはカシワやサルトリイバラの葉《は》、ちまきはササやカヤでつつむから葉《は》っぱのよいかおりがする。

庭《にわ》にこいのぼりをたてる家《いえ》も多《おお》い。コイは登竜門《とうりゅうもん》という滝《たき》をのぼると龍《りゅう》になるといういいつたえがある。こいのぼりには男《おとこ》の子《こ》がりっぱになるようにとねがいがこめられている。

男《おとこ》の子《こ》がうまれて、はじめての端午《たんご》の節《せっ》供《く》をむかえる家《いえ》では、3～5メートルもある大《おお》きなたこをあげて、その子《こ》のたん生《じょう》をお祝《いわ》いするところもある。

七夕《たなばた》

7月《がつ》7日《か》は七夕《たなばた》。年《ねん》に一度《いちど》、天《あま》の川《がわ》をわたっており姫《ひめ》とひこ星《ぼし》があえる日《ひ》。こんやは雨《あめ》がふらないといいね。チエちゃんは短冊《たんざく》に「みんなが元気《げんき》でくらせますように」とねがいごとを書《か》いて、庭《にわ》にたてたタケにくくりつけた。

年《ねん》に一度《いちど》、七夕《たなばた》の夜《よる》にだけおり姫《ひめ》とひこ星《ぼし》は天《あま》の川《がわ》をわたってあうことができる。

七夕《たなばた》には色糸《いろいと》や着物《きもの》のかたちをした紙《かみ》をそなえて、はたおりの上達《じょうたつ》をねがった。楽器《がっき》がじょうずになりたい人《ひと》は、琴《こと》や琵琶《びわ》をそなえる。

星《ほし》にねがいを

七夕《たなばた》にはこんな話《はなし》が中国《ちゅうごく》からつたえられている。

むかし、天《てん》の神《かみ》さまが着《き》る布《ぬの》をおるのがじょうずなおり姫《ひめ》がいた。でも、おり姫《ひめ》はひこ星《ぼし》と結婚《けっこん》してから、布《ぬの》をおるのをやめてしまった。おこった天《てん》の神《かみ》さまは、ふたりを天《あま》の川《がわ》の西《にし》と東《ひがし》にひきはなしてしまった。それからふたりは、年《ねん》に一度《いちど》、七夕《たなばた》の夜《よる》しかあえなくなったんだって。

日本《にほん》では、はたおりをする女《おんな》の人《ひと》たちがこの話《はなし》をきいて、七夕《たなばた》におり姫《ひめ》とひこ星《ぼし》にいろんなおそなえものをして、はたおりがじょうずになるよういのるようになった。いまのように服《ふく》を買《か》えなかった時代《だい》には、女《おんな》の人《ひと》に家族《かぞく》の服《ふく》を手《て》づくりする仕事《しごと》がまかされていた。

おり紙《がみ》を切《き》って、あみやちょうちん、着物《きもの》をかたどった紙衣《かみごろも》などさまざまなかざりをつくる。

タケにはいろいろなかざりをつける。

青森県《あおもりけん》の「ねぶた祭《まつ》り」は8月《がつ》におこなわれる七夕《たなばた》の行事《ぎょうじ》のひとつ。1年《ねん》でいちばんあつくてつかれやすいこの時期《じき》、ねむけを川《かわ》や海《うみ》にながそうとした「ねむりながし」が、ねぶた祭《まつ》りのはじまり。

タケと短冊《たんざく》

七夕《たなばた》といえば、ねがいごとを書《か》いた短冊《たんざく》をタケにつりさげる。でもこれは日本《にほん》だけにある行事《ぎょうじ》だそうだ。

もともとは江戸時代《えどじだい》に読《よ》み書《か》きなどを勉強《べんきょう》する寺子屋《てらこや》で、こどもたちが「いろはにほへと」のひらがなや古《ふる》い和歌《わか》を書《か》いて、寺子屋《てらこや》の前《まえ》にたてたタケにつった。こうやって短冊《たんざく》に字《じ》を書《か》くのも勉強《べんきょう》だったんだ。七夕《たなばた》がおわると、竹《たけ》かざりは川《かわ》や海《うみ》にながした。

むかしの七夕行事《たなばたぎょうじ》には、みんなが知《し》っている竹《たけ》かざりのほかに、この日《ひ》に髪《かみ》の毛《け》をあらうといつもよりきれいになるとか、まっ黒《くろ》くよごれたなべやかまをあらうとよごれがきれいに落《お》ちるといわれていた。

花火《はなび》

家族《かぞく》で花火大会《はなびたいかい》にやってきたミニちゃん。ドンという大《おお》きな音《おと》とともに夜空《よぞら》に美《うつく》しい花《はな》がいくつもさいていく。空気《くうき》のふるえがびりびりとつたわってくる。つぎの日《ひ》、庭《にわ》で線香花火《せんこうはなび》をした。火《ひ》の玉《たま》が落《お》ちると、夏休《なつやす》みともさよならだ。

大《おお》きな川《かわ》の川原《かわら》などでおこなわれる花火大会《はなびたいかい》に、たくさんの人《ひと》がおとずれて夕《ゆう》すずみをする。

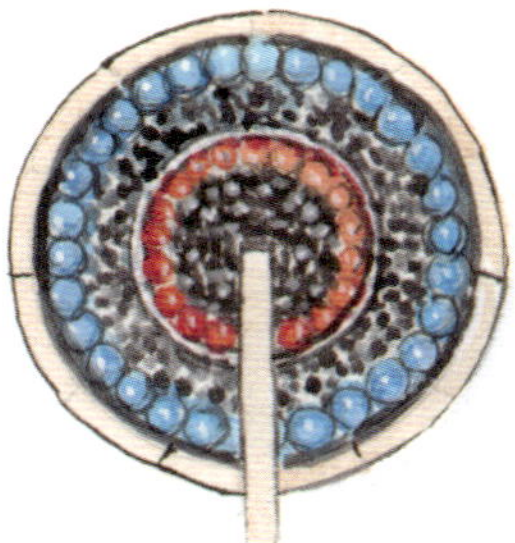

うちあげ花火《はなび》の断面《だんめん》
花火《はなび》の玉《たま》のなかには、紙《かみ》で火薬《かやく》をまるくつつんだものがたくさんつまっている。これは「星《ほし》」とよばれ、空高《そらたか》くあがると火花《ひばな》になる。

花火《はなび》は大小《だいしょう》さまざま。

うちあげ花火《はなび》

夏《なつ》になると川辺《かわべ》や海辺《うみべ》で花火大《はなびたい》会《かい》がおこなわれる。このときにうちあげられる花火《はなび》は、まるい玉《たま》に火薬《かやく》をしこんだもの。火《ひ》をつけると空高《そらたか》くあがり、爆発《ばくはつ》すると、さまざまな色《いろ》の火花《ひばな》がひろがる。菊《きく》の花《はな》のように火花《ひばな》が輪《わ》になるもの、しだれ桜《ざくら》のように火花《ひばな》がいくすじも落《お》ちるものなど、たくさんの種《しゅ》類《るい》がある。これは、花火《はなび》の玉《たま》に火《か》薬《やく》をどうこめるかでかわってくる。このような技術《ぎじゅつ》をもつ日本《にほん》の花火《はなび》師《し》のうでは世界一《せかいいち》だ。

花火《はなび》はもともと、災害《さいがい》や流行病《りゅうこうびょう》でなくなった人《ひと》をなぐさめたり、病気《びょうき》や災害《さいがい》がおきないことをねがったりしてうちあげられた。大《おお》きな音《おと》や火《ひ》の力《ちから》はわるいものをおいはらう力《ちから》があったそうだ。

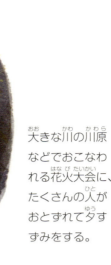

最近《さいきん》はねずみ花火《はなび》ができる場所《ばしょ》が少《すく》なくなった。

線香花火《せんこうはなび》（上《うえ》が関西流《かんさいりゅう》、下《した》が関東流《かんとうりゅう》）

線香花火《せんこうはなび》の火《ひ》の玉《たま》が落《お》ちると夏《なつ》のおわりを知《し》らせているみたい。

クリスマスやたん生日会《じょうびかい》でならすクラッカーも花火《はなび》のなかま。

さまざまな花火《はなび》

　おもちゃ屋《や》さんで買《か》える花火《はなび》に、線香花火《せんこうはなび》やねずみ花火《はなび》がある。関《かん》西《さい》の線香花火《せんこうはなび》は、竹《たけ》ひごやわらでできていて、もち手《て》の先《さき》に火薬《かやく》がついている。関東《かんとう》では火薬《かやく》をつつんだ和紙《わし》を長《なが》くこよってつくる。火《ひ》をつけると、パチパチと火花《ひばな》がはじける。火花《ひばな》を楽《たの》しむほか、だれがいちばん長《なが》く玉《たま》を落《お》とさずにいられるか競争《きょうそう》することもある。

　ねずみ花火《はなび》は、円形《えんけい》になった花《はな》火《び》に火《ひ》をつけるとすばやく回転《かいてん》しながら地面《じめん》をはいまわるのでこの名前《なまえ》がついている。はねてどこにくるのかわからないので、こどもたちは必死《ひっし》ににげまわる。棒《ぼう》のようになった筒花火《つつはなび》もある。花火《はなび》をするときは、近《ちか》くに水《みず》をいれたバケツをおいておこう。

お盆《ぼん》

チエちゃんは、毎年《まいとし》お盆《ぼん》をおばあちゃんの家《いえ》ですごすことにしている。おばあちゃんの家《いえ》の近《ちか》くで盆《ぼん》おどりがあるからだ。おばあちゃんがぬってくれたゆかたを着《き》ておどるのが、夏《なつ》の楽《たの》しみのひとつになっている。

13日《にち》にむかえ火《び》をたく。

ご先祖《せんぞ》さまがまちがわないよう、のきにちょうちんをつりさげる。

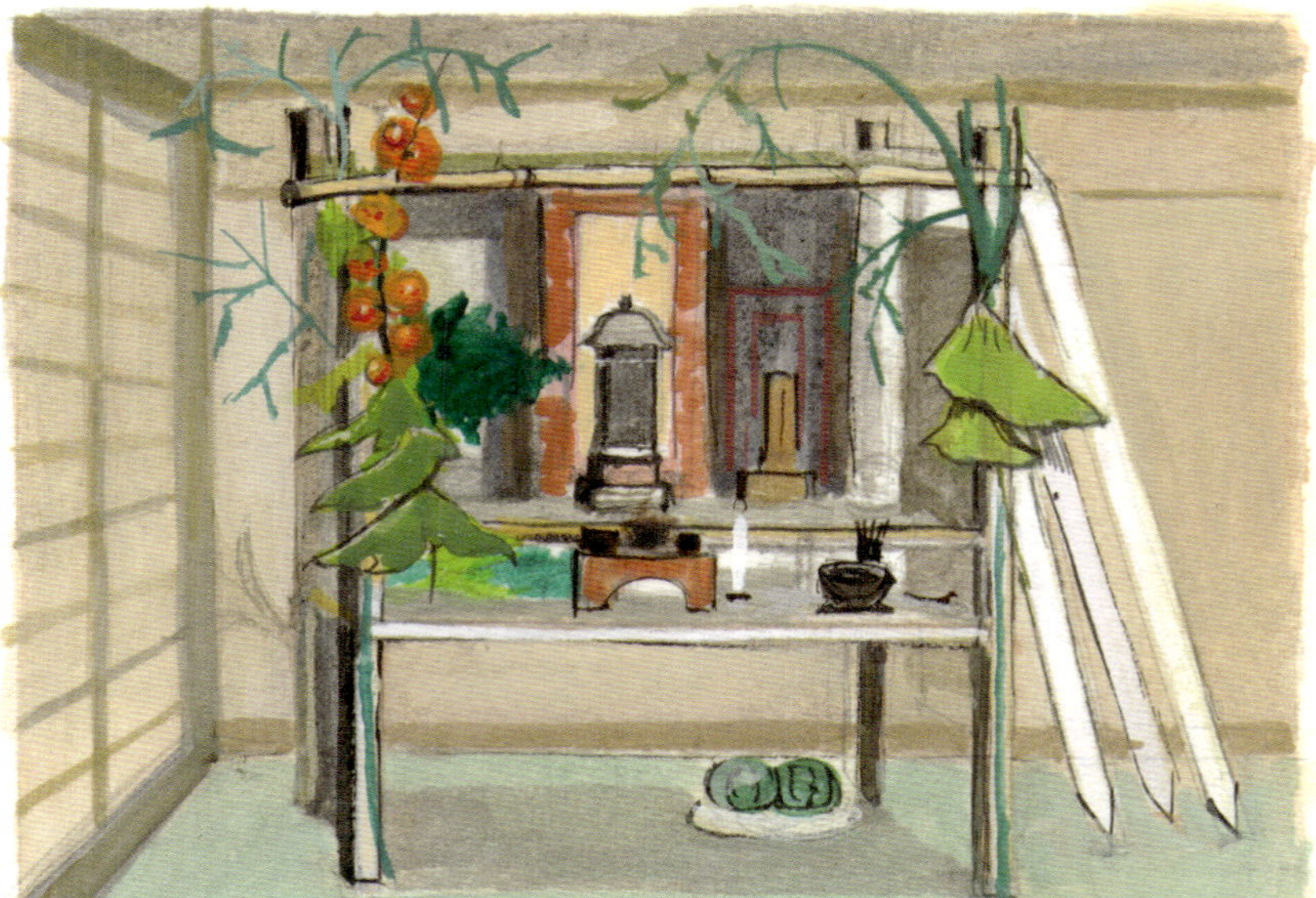
盆《ぼん》だなは四《よ》すみにタケをたてて台《だい》をつくり、位牌《いはい》をならべる。サトイモの葉《は》やホオズキをつり、おそなえものを用意《ようい》する。家《いえ》にかえってきたご先祖《せんぞ》さまをこうしてまつる。

ご先祖《せんぞ》さまをむかえる

なくなったご先祖《せんぞ》さまが、年《ねん》に一度《いちど》かえってくるのがお盆《ぼん》だ。家《いえ》ではご先祖《せんぞ》さまにいろいろなおもてなしをする。

おむかえの日《ひ》は13日《にち》。お墓《はか》をきれいにして、家《いえ》のまえでむかえ火《び》をたいて家《いえ》にむかえる。かえってきたご先祖《せんぞ》さまがすごせるように、お盆《ぼん》のあいだだけ盆《ぼん》だなをつくる家《いえ》もある。ここには位牌《いはい》をならべて、毎日《まいにち》いろいろなごちそうをおそなえする。

なくなってはじめてかえってくるご先祖《せんぞ》さまがある家《いえ》では、そとに見《み》えるようにきれいなちょうちんをつけたり、高《たか》い場所《ばしょ》に灯《とう》ろうをあげたりする。このあかりで、ご先祖《せんぞ》さまはまよわずに家《いえ》にかえってこられるからなんだって。

キュウリのウマとナスのウシ。ご先祖《せんぞ》さまののりもので、くるときはウマ、かえるときにはウシにのるという。

盆《ぼん》おどりはただおどるだけではなく、ご先祖《せんぞ》さまを楽《たの》しませるもの。

ご先祖《せんぞ》さまにそなえたものをのせてながす小《ちい》さな舟《ふね》が多《おお》いが、海辺《うみべ》の町《まち》では、町内《ちょうない》で麦《むぎ》わらなどで大《おお》きな舟《ふね》をつくるところもある。町内全体《ちょうないぜんたい》でご先祖《せんぞ》さまをおくるという意味《いみ》だ。

ご先祖《せんぞ》さまをおくる

盆《ぼん》おどりは、ご先祖《せんぞ》さまもいっしょにおどって楽《たの》しんでもらうためのもの。お盆《ぼん》の夜《よる》、広場《ひろば》のまんなかにやぐらをたてて、そのまわりで輪《わ》になっておどる。いまは録《ろく》音《おん》した音楽《おんがく》をながすけれど、むかしは歌《うた》のじょうずな人《ひと》が順《じゅん》にやぐらにのぼってうたったそうだ。

15日《にち》か16日《にち》は、ご先祖《せんぞ》さまがかえっていく日《ひ》。おむかえしたときとおなじようにおくり火《び》をたく。

わらで小《ちい》さな舟《ふね》をつくって、おそなえものをのせて川《かわ》や海《うみ》にながすところもある。舟《ふね》につけたちょうちんのあかりが、だんだん小《ちい》さくなっていく。見《み》おくる人《ひと》たちは「また来年《らいねん》もいらしてください」といいながら、舟《ふね》のあかりにむかって、手《て》をあわせる。

お月《つき》さまにねがう

東《ひがし》の空《そら》に大《おお》きな満月《まんげつ》がでてきた。こんやはお月見《つきみ》。チエちゃんはお母《かあ》さんとまるいだんごを15個《こ》つくって、お月《つき》さまにおそなえした。太《ふと》ったりやせたりするお月《つき》さまは、作物《さくもつ》をゆたかにみのらせるふしぎな力《ちから》をもっているといわれているんだ。

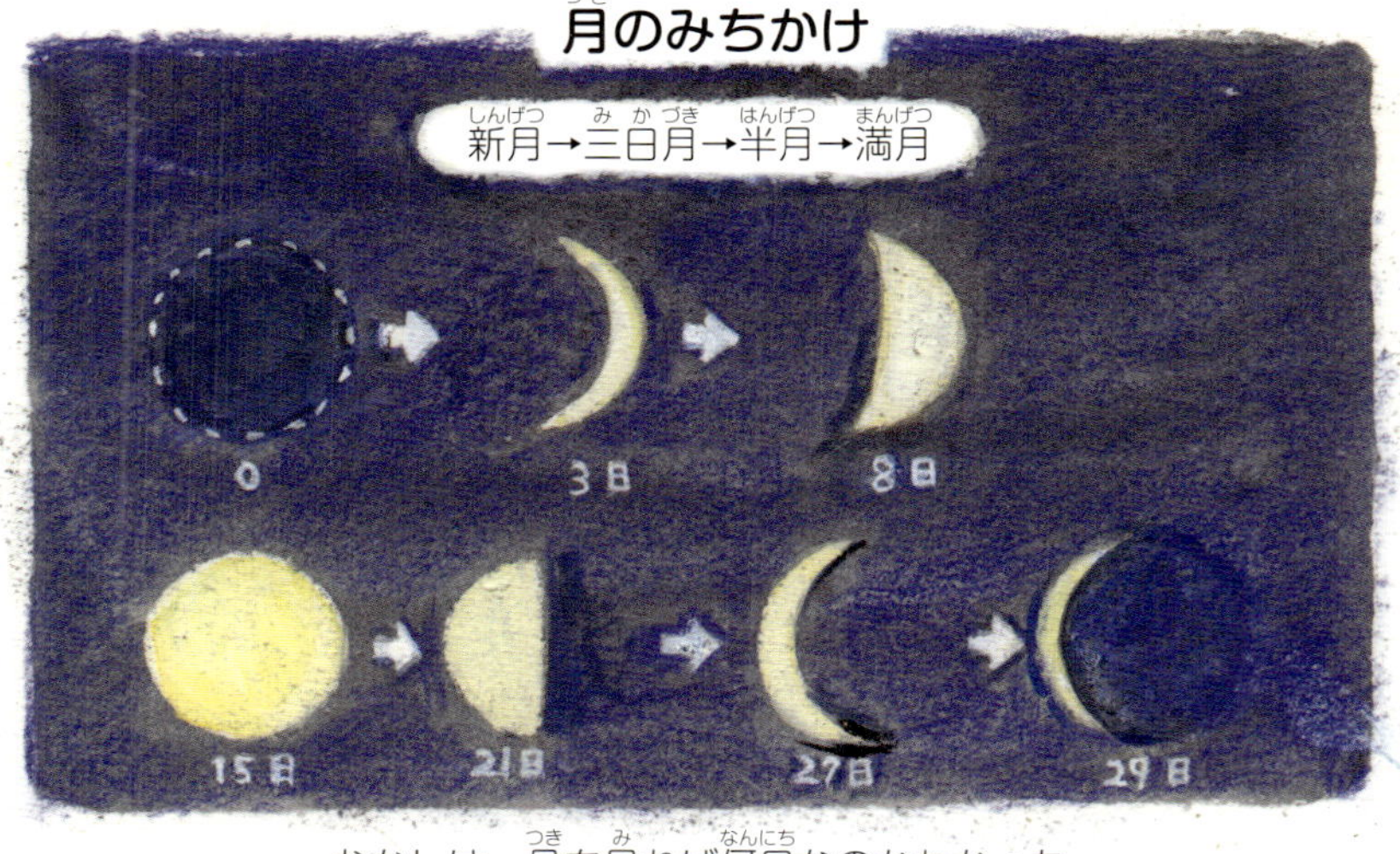
月《つき》のみちかけ
新月《しんげつ》→三日月《みかづき》→半月《はんげつ》→満月《まんげつ》
0
3日
8日
15日
21日
27日
29日

むかしは、月《つき》を見《み》れば何日《なんにち》なのかわかった。

お月《つき》さまにだんごやサトイモをそなえてお月見《つきみ》をする。まるいだんごは、家族《かぞく》が円満《えんまん》にすごすことをねがってあげる。

十五夜《じゅうごや》と十三夜《じゅうさんや》

日本《にほん》ではむかし、お月《つき》さまのかたちで日《ひ》にちを知《し》る太陰太陽暦《たいいんたいようれき》という暦《こよみ》をつかっていた。満月《まんげつ》は毎月《つき》15日《にち》ときまっていて、きょうが何日《なんにち》か知《し》るために月《つき》のかたちを見《み》ていたんだって。なかでも8月《がつ》15日《にち》の満月《まんげつ》（十五夜《じゅうごや》）は「中秋《ちゅうしゅう》」といって、月《つき》がいちばん大《おお》きく見《み》えたから、この日《ひ》にお月見《つきみ》をするようになった。お月《つき》さまにだんごや秋《あき》の七草《ななくさ》、サトイモや枝豆《えだまめ》などもおそなえした。

また、古《ふる》い暦《こよみ》の9月《がつ》13日《にち》の夜《よる》にも「十三夜《じゅうさんや》」というお月見《つきみ》をする。満月《まんげつ》になる少《すこ》しまえの月《つき》に13個《こ》のだんごやサトイモ、クリなどをそなえた。十五夜《じゅうごや》をした家《いえ》ではかならず、十三夜《じゅうさんや》もお月見《つきみ》しなければならなかったそうだ。

日本《にほん》ではウサギ、中国《ちゅうごく》ではカエル、北《きた》ヨーロッパでは本《ほん》を読《よ》むおばあさん、ベトナムでは木《き》の下《した》で休《やす》む男《おとこ》が月《つき》にすんでいるという。

秋《あき》の七草《ななくさ》。お月見《つきみ》にススキ（オバナ）はかかせない。

だんごぬすみ。お月見《つきみ》の夜《よる》は、えんがわにそなえただんごなどをこどもたちがとりにきた。

だんごぬすみ

十五夜《じゅうごや》のお月《つき》さまには、もちつきをしているウサギがいるというけど、月《つき》のなかにすむものは、国《くに》によってちがう。十五夜《じゅうごや》の月《つき》は大《おお》きいから、すむものがよく見《み》える。

だんごのほかにサトイモなどの農作物《のうさくもつ》をそなえるのは、この行事《ぎょうじ》が収穫《しゅうかく》のお祝《いわ》いだからだ。

日本《にほん》では十五夜《じゅうごや》には、こどもたちがよその家《いえ》のおそなえものをかってにもっていく「だんごぬすみ」をしてもよいことになっていた。長《なが》い竹《たけ》ざおの先《さき》にくぎをとりつけて、こどもたちはえんがわにそなえてあるだんごやイモをつついてとった。おとなたちも「ぬすまれたほうが運《うん》がよい」と、この日《ひ》ばかりはこどもたちがおそなえものをとることをしからなかった。

冬至《とうじ》

1年《ねん》で太陽《たいよう》がでている時間《じかん》がいちばん長《なが》い日《ひ》は夏至《げし》、いちばん短《みじか》い日《ひ》が冬至《とうじ》。12月下旬《がつげじゅん》の冬至《とうじ》の日《ひ》、チエちゃんの家《いえ》ではお風呂《ふろ》にユズをいれる。お風呂《ふろ》がさわやかなかおりでいっぱいになって、体《からだ》もぽかぽか。なんだか元気《げんき》になった。

ユズには太《ふと》くてするどいとげがある。

ユズのお風呂《ふろ》はかおりがよい。風邪《かぜ》もひかずに学校《がっこう》にいけそうだ。

冬至《とうじ》につきもののカボチャはビタミン豊富《ほうふ》で、アズキといっしょににると、とてもおいしい。

カボチャとユズ

冬至《とうじ》には、この日《ひ》に食《た》べるとよいというとくべつな食《た》べものがいくつかある。たとえば、とうふやトウガラシなど「と」のつくものを食《た》べると薬《くすり》になるという。それからカボチャを食《た》べると病気《びょうき》にならないといわれている。むかしはアズキのはいったおかゆやユズを食《た》べていた。

ユズをお風呂《ふろ》にいれるようになったのは、いまから200年《ねん》くらいまえ、東京《とうきょう》を江戸《えど》とよんでいた時代《じだい》。江戸《えど》の町《まち》には、お風呂《ふろ》がある家《いえ》は少《すく》なく、多《おお》くの人《ひと》はお金《かね》をはらって銭湯《せんとう》にはいっていた。冬《とう》至《じ》のユズ湯《ゆ》はこの銭湯《せんとう》からひろまったようだ。黄色《きいろ》のカボチャやユズは、見《み》ているだけで元気《げんき》がでてくる。

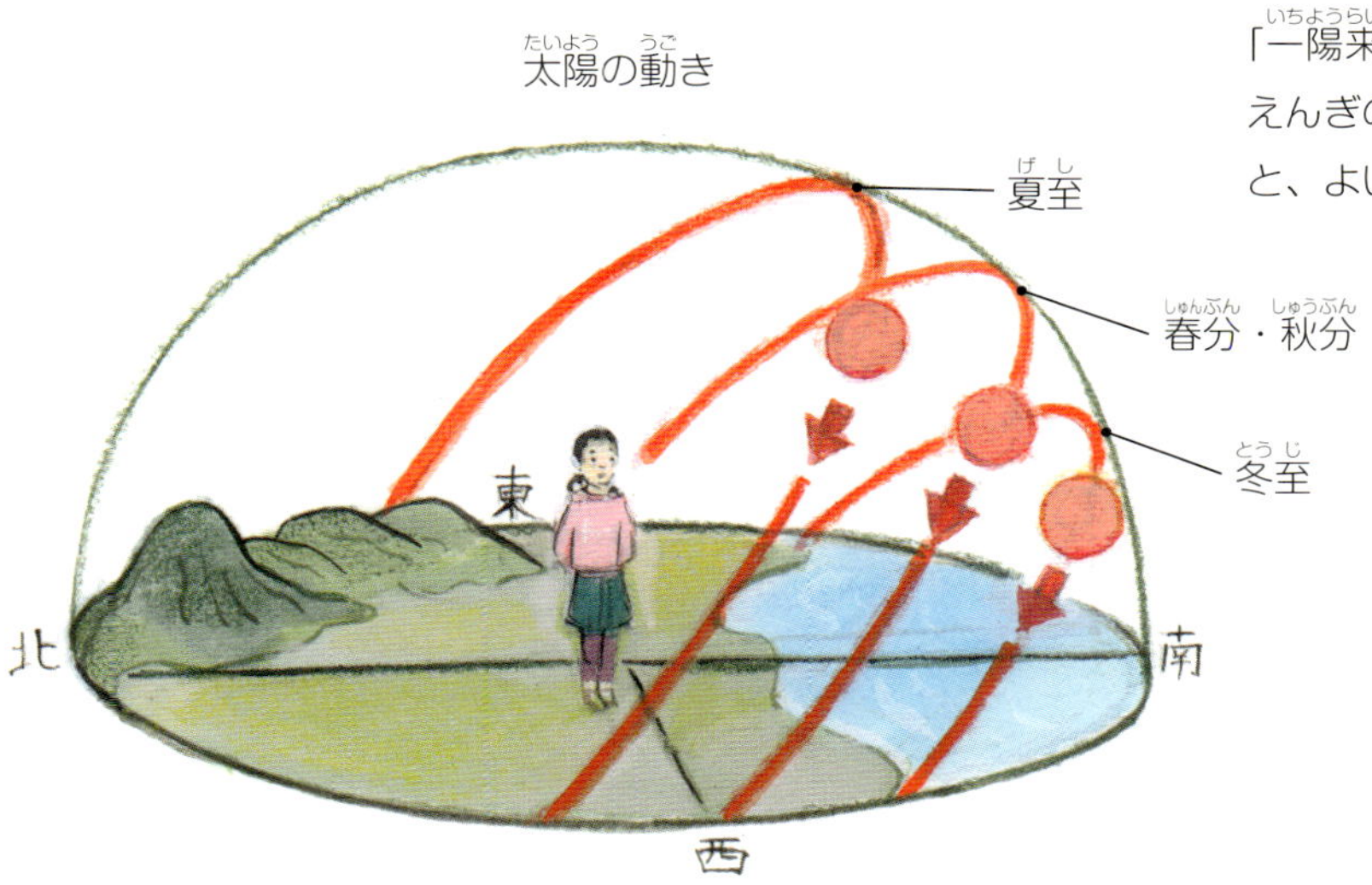

「一陽来復《いちようらいふく》」のおふだ。その年《とし》のえんぎのよい方角《ほうがく》にむかってまると、よいことがあるという。

料理《りょうり》がならぶ「ユール・ボード」。冬至《とうじ》には死者《ししゃ》の霊《れい》、悪魔《あくま》、魔女《まじょ》などがおおぜいあつまってくるので、ごちそうでもてなす。そうしないとわるいことがおきるといわれている。

北欧《ほくおう》のユールの木《き》の幹《みき》をもやす習慣《しゅうかん》のなごりが、フランスのケーキ「ブッシュドノエル」。

よみがえる太陽《たいよう》

冬至《とうじ》は1年《ねん》で昼《ひる》がいちばん短《みじか》く、夜《よる》がいちばん長《なが》い日《ひ》。むかしは、暗《くら》やみが長《なが》いので「冬至《とうじ》は命《いのち》のおわる日《ひ》」とおそれられたようだ。実際《じっさい》にはこの日《ひ》をさかいに太《たい》陽《よう》のでている時間《じかん》は長《なが》くなるから、太陽《たいよう》が復活《ふっかつ》をはじめる日《ひ》でもある。冬至《とうじ》に神社《じんじゃ》やお寺《てら》でくばられる「一陽来復《いちようらいふく》」と書《か》かれたおふだには、「わるいことがよいほうにかわっていく」という意味《いみ》がある。

北欧《ほくおう》でも冬至《とうじ》のお祭《まつ》り「ユール」があって、「ユール・ボード」というとくべつな料理《りょうり》を食《た》べて太《たい》陽《よう》の復活《ふっかつ》を祝《いわ》う。クリスマスにケーキ屋《や》にならぶ切《き》りかぶのかたちのケーキ「ブッシュドノエル」は、ユールでもやされた木《き》の幹《みき》をかたどったものだ。

第《だい》3章《しょう》▼着《き》る・食《た》べる・すむ

チエちゃんは、遠足《えんそく》でとなり町《まち》の民俗資料館《みんぞくしりょうかん》にいった。

民俗資料館《みんぞくしりょうかん》には、べつの場所《ばしょ》からうつしてきた１５０年《ねん》まえの民家《みんか》がたてられていて、むかしのくらしの道具《どうぐ》がたくさんおかれていた。

むかしは、着《き》るもの、食《た》べるもの、すむ家《いえ》も自分《じぶん》たちでつくったのだと先生《せんせい》がいった。

「そういえば、ひいおばあちゃんの家《いえ》にもおなじようなものがあったっけ？」

チエちゃんは、つぎのお休《やす》みにひいおばあちゃんの家《いえ》につれていってもらって、いろいろと調《しら》べてみようと思《おも》った。

晴《は》れ着《ぎ》とふだん着《ぎ》

お父《とう》さんやお母《かあ》さんが仕事《しごと》をしたり、わたしたちが学校《がっこう》にいったり、遊《あそ》んだりするときに着《き》る服《ふく》は、ふだん着《ぎ》だ。では、入学式《にゅうがくしき》の服《ふく》や七五三《しちごさん》の着物《きもの》はどうだろう。これらはとくべつの日《ひ》に着《き》るもので、晴《は》れ着《ぎ》とよばれる。

ひいおばあちゃんのお父《とう》さんとお母《かあ》さんの入学式《にゅうがくしき》

チエちゃんの入学式《にゅうがくしき》

入学《にゅうがく》や卒業《そつぎょう》の記念写真《きねんしゃしん》には、晴《は》れ着《ぎ》すがたのこどもたちがうつっている。晴《は》れ着《ぎ》は、時代《じだい》とともにかわってきた。いまとむかしをくらべてみよう。

晴《は》れ着《ぎ》のふしぎ

4月《がつ》の晴《は》れた日《ひ》、きょうは小学《しょうがっ》校《こう》の入学式《にゅうがくしき》だ。新《あたら》しい洋服《ようふく》を着《き》て新《あたら》しいくつをはき、ぴかぴかのランドセルをせおった。鏡《かがみ》にうつる自分《じぶん》のすがたは、いつもとはちょっとちがう。きんちょうして、背《せ》すじがピンとのびている。

これが晴《は》れ着《ぎ》なんだ。晴《は》れ着《ぎ》は、心《こころ》も体《からだ》も、まわりの空気《くうき》さえも新《あたら》しくする。

これを着《き》てどろんこ遊《あそ》びはとてもできないな。

入学式《にゅうがくしき》がおわって家《いえ》にかえり、ふだん着《ぎ》に着《き》がえた。とたんに、きんちょうがほどけてそとへ遊《あそ》びにいきたくなった。

晴《は》れ着《ぎ》ってふしぎだな。おなじ自分《じぶん》なのに、着《き》ているときはまるでちがう自分《じぶん》になったみたい。

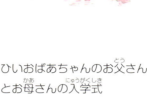

元日《がんじつ》には、家族《かぞく》が晴《は》れ着《ぎ》すがたで記念写真《きねんしゃしん》をとったものだ。正月《しょうがつ》の晴《は》れ着《ぎ》には和服《わふく》も洋服《ようふく》もあるが、かしこまった気《き》もちにさせるのは、むかしもいまも和服《わふく》の着物《きもの》だ。

正月《しょうがつ》の晴《は》れ着《ぎ》

1月1日《がつついたち》は、新年《しんねん》のスタートとなるとくべつの日《ひ》だ。「あけましておめでとうございます」とあいさつをかわし、おせち料理《りょうり》を食《た》べる。お年玉《としだま》も楽《たの》しみだ。

神社《じんじゃ》には、たくさんの人《ひと》びとが初《はつ》もうでにおとずれる。着物《きもの》すがたの人《ひと》も多《おお》い。

着物《きもの》は正月《しょうがつ》の晴《は》れ着《ぎ》なんだね。

ひいおばあちゃんにきくと、晴《は》れ着《ぎ》の思《おも》いでを話《はな》してくれた。

ひいおばあちゃんがこどものころは、12月《がつ》になると家族《かぞく》の着物《きもの》やはきものを買《か》いにいった。おおみそかの夜《よる》は、まくらもとに着物《きもの》とおび、たびをおいてねむり、おきたらそれに着《き》がえる。家族《かぞく》みんなが新《あたら》しい着物《きもの》を身《み》につけ、晴《は》れ着《ぎ》すがたで新年《しんねん》をむかえたものだ。

植物《しょくぶつ》からつくる糸《いと》

衣服《いふく》や布地《ぬのじ》は、さまざまな糸《いと》でつくられている。木綿《もめん》もあれば、絹《きぬ》もある。ちかごろはナイロンなどの化学《かがく》せんいも多《おお》い。木綿《もめん》は、畑《はたけ》でそだてたワタからつくる植物《しょくぶつ》の糸《いと》だ。ふだん着《ぎ》には、木綿布《もめんぬの》がかかせない。

8月《がつ》のなかばをすぎると、ワタの花《はな》がさく。うすい黄色《きいろ》の花《はな》で、中心《ちゅうしん》は赤《あか》い。秋《あき》にはここにまっ白《しろ》いワタができる。

綿《わた》くり機《き》のローラーにワタを通《とお》すと、タネが手《て》まえに落《お》ち、ワタはローラーのすきまをくぐってむこうがわに落《お》ちる。こうやってタネがとりのぞかれる。

畑《はたけ》でワタをそだてる

ひいおばあちゃんはこどものころ、ワタをそだてて木綿糸《もめんいと》をつくった経験がある。その話《はなし》をきいた。

ワタのタネまきは、5月《がつ》におこなう。ムギがそだっているあいだにくわでみぞをほり、そこにタネをまいていく。こうするとムギで日《ひ》かげになり、土《つち》が乾燥《かんそう》せず、ワタがじょうぶにそだつ。夏《なつ》にムギをかるときは、あやまってワタまで切《き》らないように注意《ちゅうい》した。

肥料《ひりょう》には、魚《さかな》のイワシやニシンのかすをつかった。かすとは、油《あぶら》をしぼりとったのこりだ。

夏《なつ》がすぎて秋《あき》から冬《ふゆ》へとむかうなか、ワタはすくすくと生長《せいちょう》する。そして、冬《ふゆ》をむかえるまえになると、ワタの実《み》がパックリとはじける。いよいよワタつみだ。

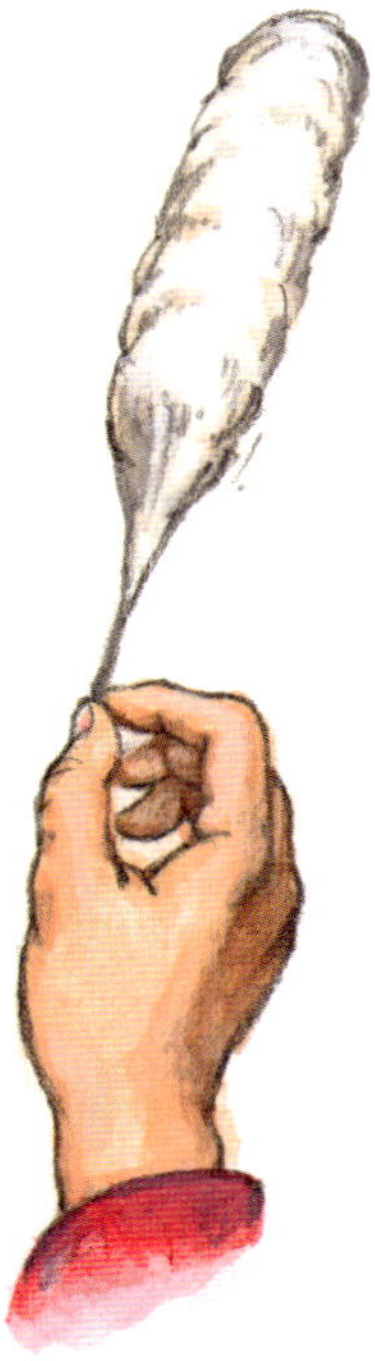

親指《おやゆび》と人《ひと》さし指《ゆび》をすりあわせてワタをひねると、S《エス》の字《じ》によりがかかる。これを2本《ほん》あわせると、反対方向《はんたいほうこう》に糸《いと》がねじれてZ《ゼット》の字《じ》によりがかかる。

糸《いと》をつくるには、糸車《いとぐるま》という道具《どうぐ》がつかわれた。

ワタから糸《いと》をつくる

ワタは、かわかして綿《わた》くり機《き》という道具《どうぐ》のローラーに通《とお》し、タネをとりのぞいてから、やわらかくフワッとさせる。

どうやって糸《いと》にするのかな。

ひいおばあちゃんがいった。

「はしをつまんで、ひっぱってごらん」

すると、スーッとワタがのびてきた。でも、すぐに切《き》れてしまう。

「指《ゆび》でひねってごらん」

あ、アルファベットのS《エス》みたいによりがかかった。

「それを2本《ほん》あわせてごらん」

おや、ふしぎだ。2本《ほん》がからみあって、反対方向《はんたいほうこう》によりがかかった。ひっぱっても、もう切《き》れない。やわらかいワタは、こうしてじょうぶな木綿糸《もめんいと》になるんだね。

昆虫《こんちゅう》がつくる糸《いと》

お母《かあ》さんが、よそゆきのブラウスを買《か》ってきた。そのタグを見《み》ると、「絹《きぬ》100パーセント」と書《か》かれている。生地《きじ》をさわると、とてもなめらかだ。つやつや光《ひか》っている。絹糸《きぬいと》をつくるのは、カイコという昆虫《こんちゅう》だ。

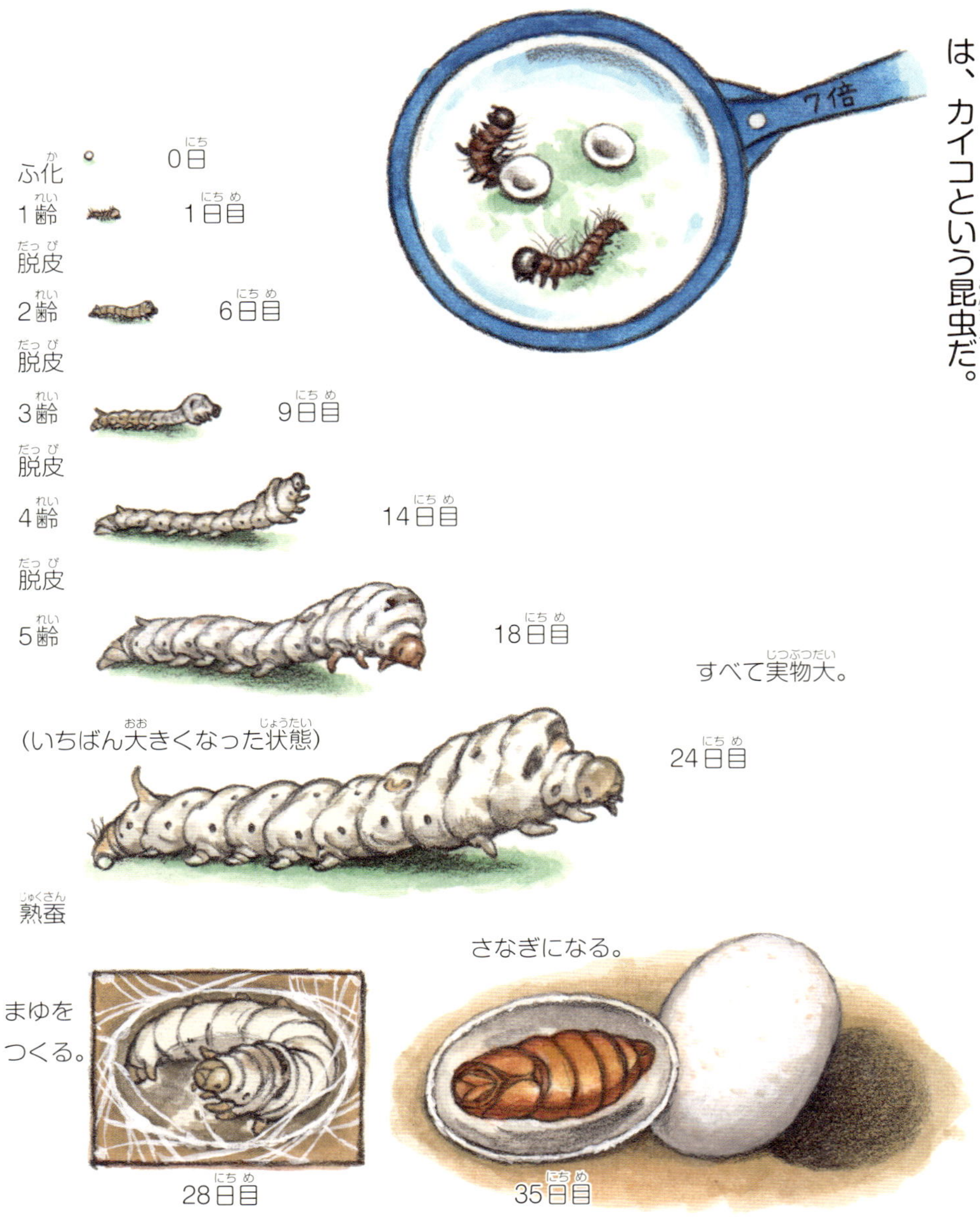
7倍
ふ化《か》
0日《にち》
1齢《れい》
1日目《にちめ》
脱皮《だっぴ》
2齢《れい》
6日目《にちめ》
脱皮《だっぴ》
3齢《れい》
9日目《にちめ》
脱皮《だっぴ》
4齢《れい》
14日目《にちめ》
脱皮《だっぴ》
5齢《れい》
18日目《にちめ》
すべて実物大《じつぶつだい》。
（いちばん大《おお》きくなった状態《じょうたい》）
24日目《にちめ》
熟蚕《じゅくさん》
さなぎになる。
まゆをつくる。
28日目《にちめ》
35日目《にちめ》

カイコは一生《いっしょう》のうちに4回《かい》、クワの葉《は》を食《た》べるのを休《やす》む。このときに脱皮《だっぴ》をするのだ。そして、脱皮《だっぴ》のたびに大《おお》きくなり、しまいには、体重《たいじゅう》がうまれたときの1万倍《まんばい》にもなる。

カイコの仕事《しごと》

カイコはクワの葉《は》を食《た》べながら成長《せいちょう》し、最後《さいご》にまゆをつくる。

ひいおじいちゃんの家《いえ》ではいまもカイコをかっている。そのようすを観察《かんさつ》した。

カイコは頭《あたま》を左右《さゆう》にふりながら、口《くち》からどんどん糸《いと》をはきだし、自《じ》分《ぶん》の体《からだ》を糸《いと》でおおっていく。1週《しゅう》間《かん》くらいたつと、まっ白《しろ》いまゆができあがった。手《て》にとると、まゆのなかでカタカタと音《おと》がする。

「さなぎになったんだよ」

ひいおじいちゃんが教《おし》えてくれた。さなぎはやがてガになり、まゆを食《く》いやぶってでてくるので、そのまえにまゆをにて絹糸《きぬいと》をとる。そのときさなぎは死《し》んでしまう。

カイコの仕事《しごと》はまゆをつくること。これで一生《いっしょう》をおえるのだ。

まゆの表面《ひょうめん》からは、かたくて太《ふと》いでこぼこの糸《いと》がでてくる。これをためておいて、着物《きもの》のうら地《じ》やふとん地《じ》などをおった。うちがわからは、細《ほそ》くてきれいな絹糸《きぬいと》がでる。これは、よそゆきの着物《きもの》をおるのにつかわれた。

まゆからとれる絹糸《きぬいと》。実際《じっさい》の糸《いと》は、黒《くろ》ではなく半透明《はんとうめい》で白《しろ》い。
まゆの表面《ひょうめん》からでる糸《いと》

まゆの糸《いと》とり

まゆから絹糸《きぬいと》をとるのは、ひいおばあちゃんの仕事《しごと》だ。

まず、コンロになべをかけて湯《ゆ》をわかし、まゆをにる。数分《すうふん》まつと、まゆがういてきた。小《ちい》さなほうきですばやくかきまわすと、まゆからスーッと糸《いと》があがってきた。はじまりは、でこぼこした太《ふと》い糸《いと》だ。しばらくすると、細《ほそ》くてきれいな絹糸《きぬいと》にかわった。

ひいおばあちゃんは10粒《つぶ》くらいのまゆから絹糸《きぬいと》をひきあげ、1本《ぽん》にまとめてわくにまきとっていく。まゆはどんどんうすくなり、しまいにはさなぎが見《み》えてきた。すると、いそいで新《あたら》しいまゆから糸《いと》をひきあげて、ペタッとくっつける。ひいおばあちゃんの指先《ゆびさき》の動《うご》きは、機械《きかい》のように正確《せいかく》だ。

布《ぬの》をおる

毛糸《けいと》であんだマフラーやセーターなども、はしからほぐすと1本《ぽん》の毛糸《けいと》にもどる。では、シャツやズボンなどの布《ぬの》はどうだろう。虫《むし》めがねで見《み》ると、たてとよこにたくさんの糸《いと》が交差《こうさ》している。布《ぬの》は、おってつくられるんだ。

ダンボールのはたおり機《き》でコースターをつくろう。

用意《ようい》するもの　ダンボール、わりばし(2本《ほん》)、セロハンテープ、毛糸《けいと》(3色《しょく》)、15センチ定規《じょうぎ》、カッターナイフ

Ⅰ．はたおり機《き》をつくろう。

①ダンボールを図《ず》の大《おお》きさに切《き》る。

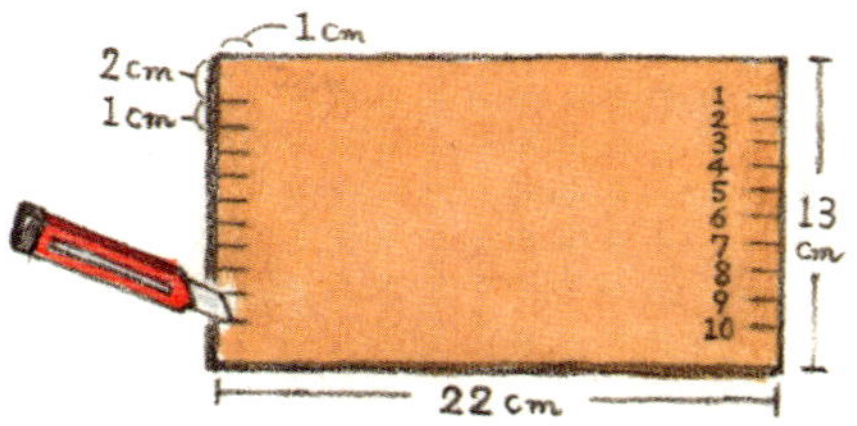

②カッターナイフで上《うえ》の面《めん》と下《した》の面《めん》に10個《こ》ずつ切《き》りこみをいれる。

③たて糸《いと》2色《しょく》を交互《こうご》にまきつけていく。(たこ糸《いと》や細《ほそ》いひもでもよい)

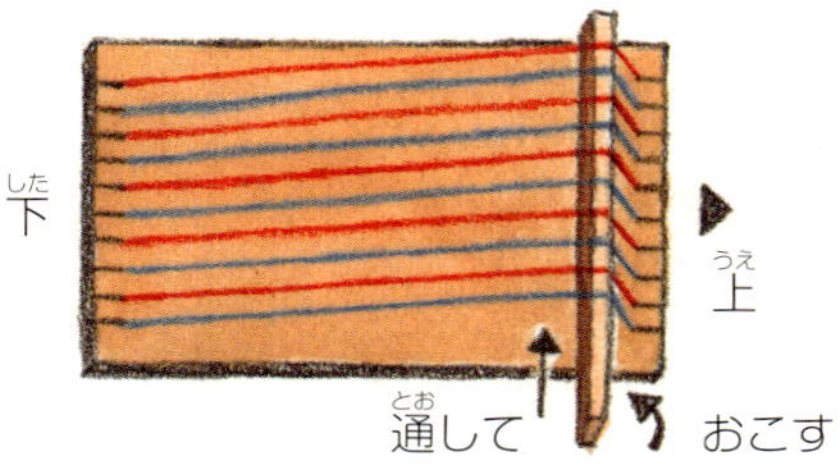

④糸《いと》の下《した》がわにわりばしをさしこんで通《とお》す。そしてわりばしをたてにおこし、糸《いと》をうかせる。

Ⅱ．「ひ」をつくろう。

⑤ダンボールを図《ず》の大《おお》きさに切《き》る。

⑥わりばしをわってダンボールをはさみ、テープでとめる。

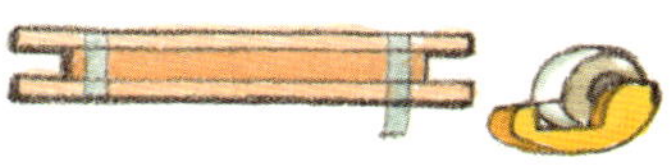

⑦毛糸《けいと》を20往復《おうふく》以上《いじょう》ぐるぐるまく。

Ⅲ．はたおりをしよう。

⑧青《あお》が上《うえ》、赤《あか》が下《した》になるように、定規《じょうぎ》を右《みぎ》から左《ひだり》へ通《とお》す。

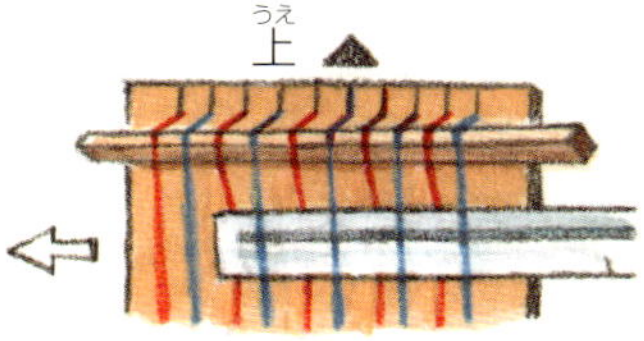

⑨通《とお》しきった定規《じょうぎ》をたてにおこすと、三角形《さんかくけい》のすきまができる。

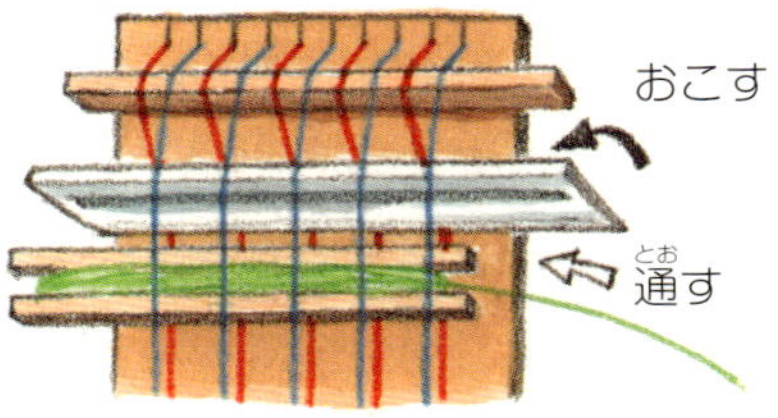

⑩そのすきまに、右《みぎ》から左《ひだり》へ「ひ」を通《とお》して、よこ糸《いと》をおりこむ。

たて糸《いと》とよこ糸《いと》

布《ぬの》は、たて糸《いと》とよこ糸《いと》からできている。ひいおばあちゃんが、ダンボールのあき箱《ばこ》をつかって布《ぬの》をおる方法《ほうほう》を教《おし》えてくれた。

まず、ダンボールを四角《しかく》く切《き》って、その上下《じょうげ》に10か所《しょ》のみぞを切《き》る。つぎに、みぞからみぞにたて糸《いと》をかけ、定規《じょうぎ》をつかって右《みぎ》から1・3・5・7・9番目《ばんめ》のたて糸《いと》をひろう。定規《じょうぎ》をたてて、ひろったたて糸《いと》をもちあげ、三角形《さんかくけい》のすきまによこ糸《いと》を通《とお》すんだ。

こんどは2・4・6・8・10番《ばん》目《め》のたて糸《いと》を定規《じょうぎ》でひろい、おなじようにたててもちあげる。すると、たて糸《いと》が交差《こうさ》して「あや」ができた。

あやは、はたおりの命《いのち》なんだと、ひいおばあちゃんはいう。

⑮できあがり！

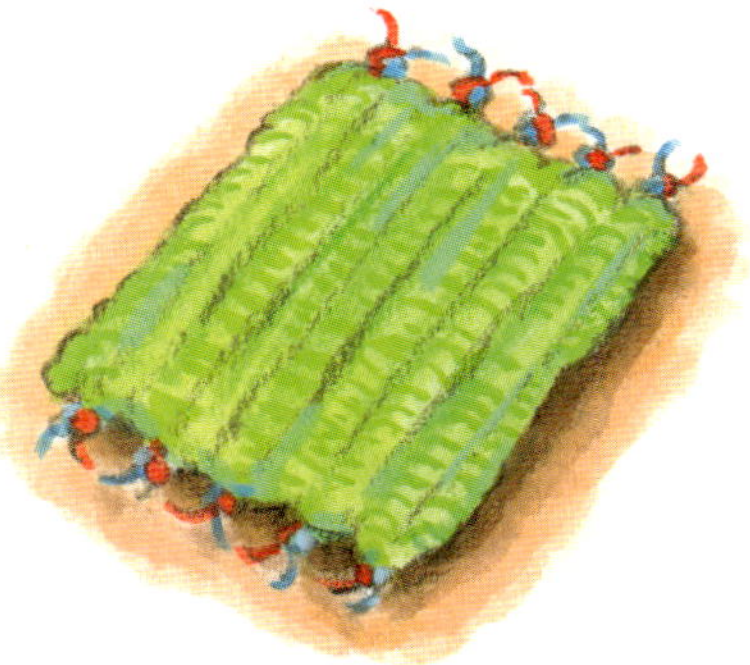

⑪おりこんだよこ糸《いと》を定規《じょうぎ》をつかって下《した》へつめる。

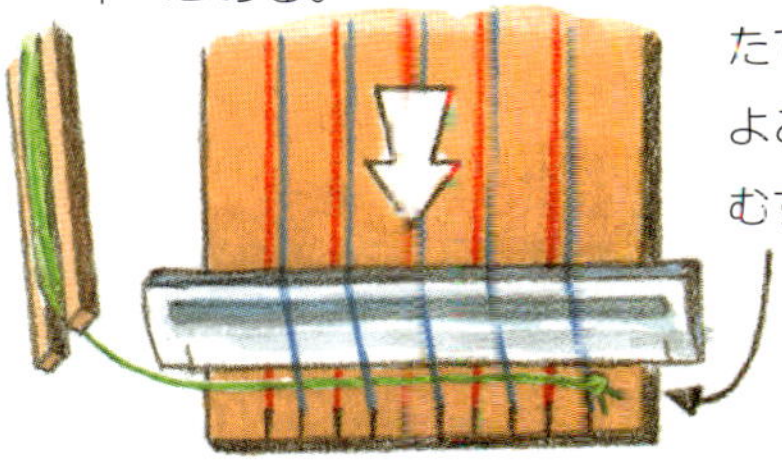

⑫こんどは、赤《あか》が上《うえ》、青《あお》が下《した》になるように定規《じょうぎ》を通《とお》しておこす。これが「あや」。「ひ」を左《ひだり》から右《みぎ》へ通《とお》し、おりこんだ糸《いと》を定規《じょうぎ》で下《した》へつめる。

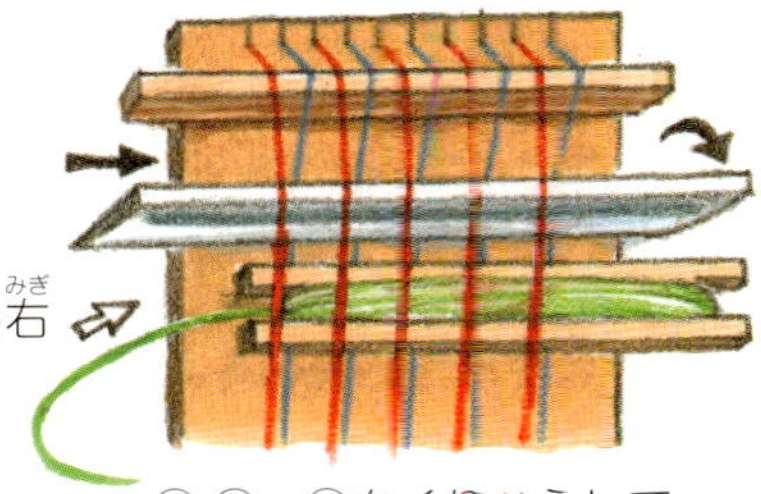

⑬ ⑧～⑫をくりかえして、正方形《せいほうけい》になるまでおる。

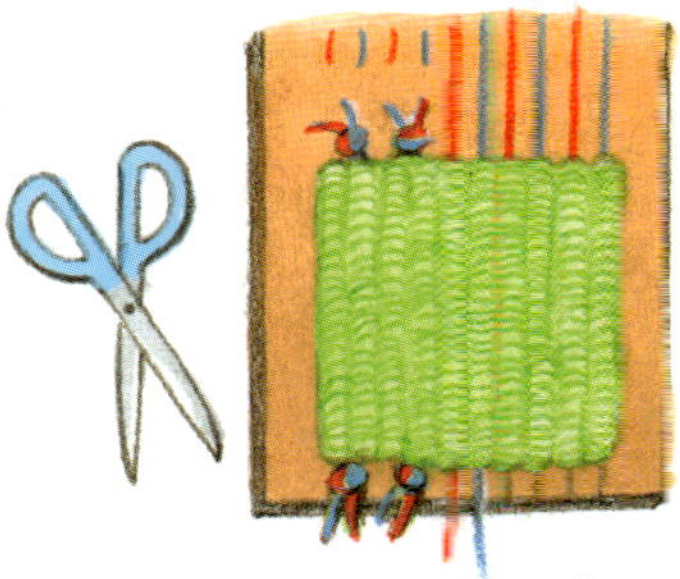

⑭おりあがったら、たて糸《いと》を2本《まん》ずつはさみで切《き》って、しっかりとむすぶ。すべてむすんだら、完成《かんせい》。

むかしは、小学校《しょうがっこう》6年生《ねんせい》ごろからはたおりを習《なら》ったものだ。身長《しんちょう》がひくいうちは、げたをはいておることもあった。あしがふみ棒《ぼう》にとどかなかったのだ。

あやとりとはたおり

たて糸《いと》をひろってはあやをとり、ここによこ糸《いと》を通《とお》し……これをくりかえしていくと、だんだんと布《ぬの》がおれてきた。

「あやとりっていえば、ひもを指《ゆび》にからめて友《とも》だちどうしであやとり遊《あそ》びをしたことがあるよ」

「そのあやとおなじこと。たて糸《いと》のあやによこ糸《いと》を組《く》みあわせることで布《ぬの》ができるんだよ」

「でも、たて糸《いと》をいちいちひろうのはめんどうだなあ」

そこで考《かんが》えだされたのが、はたおり機《き》だ。これは、機械《きかい》がたて糸《いと》をたがいちがいに上下《じょうげ》させてあやをつくってくれる。だから、とても能率的《のうりつてき》で、なれた人《ひと》なら1日《にち》に10メートル以上《いじょう》の布《ぬの》をおることもできたんだ。

布《ぬの》の一生《いっしょう》

わたしたちにいま、着《き》なくなった衣服《いふく》をどのようにしまつしているのだろう。リサイクルにだす？ それとも、資源《しげん》ごみの日《ひ》にだす？ むかしは、ボロになってもとっておき、1枚《まい》の布《ぬの》をとことんつかいつくしていたんだよ。

農作業《のうさぎょう》はまえかがみでおこなうことが多《おお》い。だから、背中《せなか》の布地《ぬのじ》が日《ひ》にやけていたむ。そうなったら、うしろとまえをとりかえた。それでもいたんだら、うちがわからつぎをあてた。またまたいたむと、さらにつぎを重《かさ》ねてあてた。おやおや、もとの布地《ぬのじ》がどれかわからなくなってしまった。

のら着《ぎ》のつぎあて

田《た》んぼや畑《はたけ》の仕事《しごと》に着《き》る衣服《いふく》を、のら着《ぎ》という。ひいおばあちゃんは、茶箱《ちゃばこ》にしまってある古《ふる》いのら着《ぎ》を見《み》せてくれた。いまから80年《ねん》くらいまえに、ひいおばあちゃんのお母《かあ》さんが着《き》ていたものだ。布《ぬの》地《じ》がずいぶんいたんでいる。

ひいおばあちゃんはいった。

「むかしは、のら着《ぎ》がいたむとうちがわからつぎあてをしたものだよ。おなじようなきれをつかって、できるだけめだたないようにね」

のら着《ぎ》をうらがえすと、かぞえきれないほどのつぎがあてられていた。とても小《ちい》さいものもある。

「アズキ3粒《つぶ》つつめるきれはとっておけ、といったものさ」

布地《ぬのじ》をたいせつにするひいおばあちゃんの心《こころ》がつたわってくる。

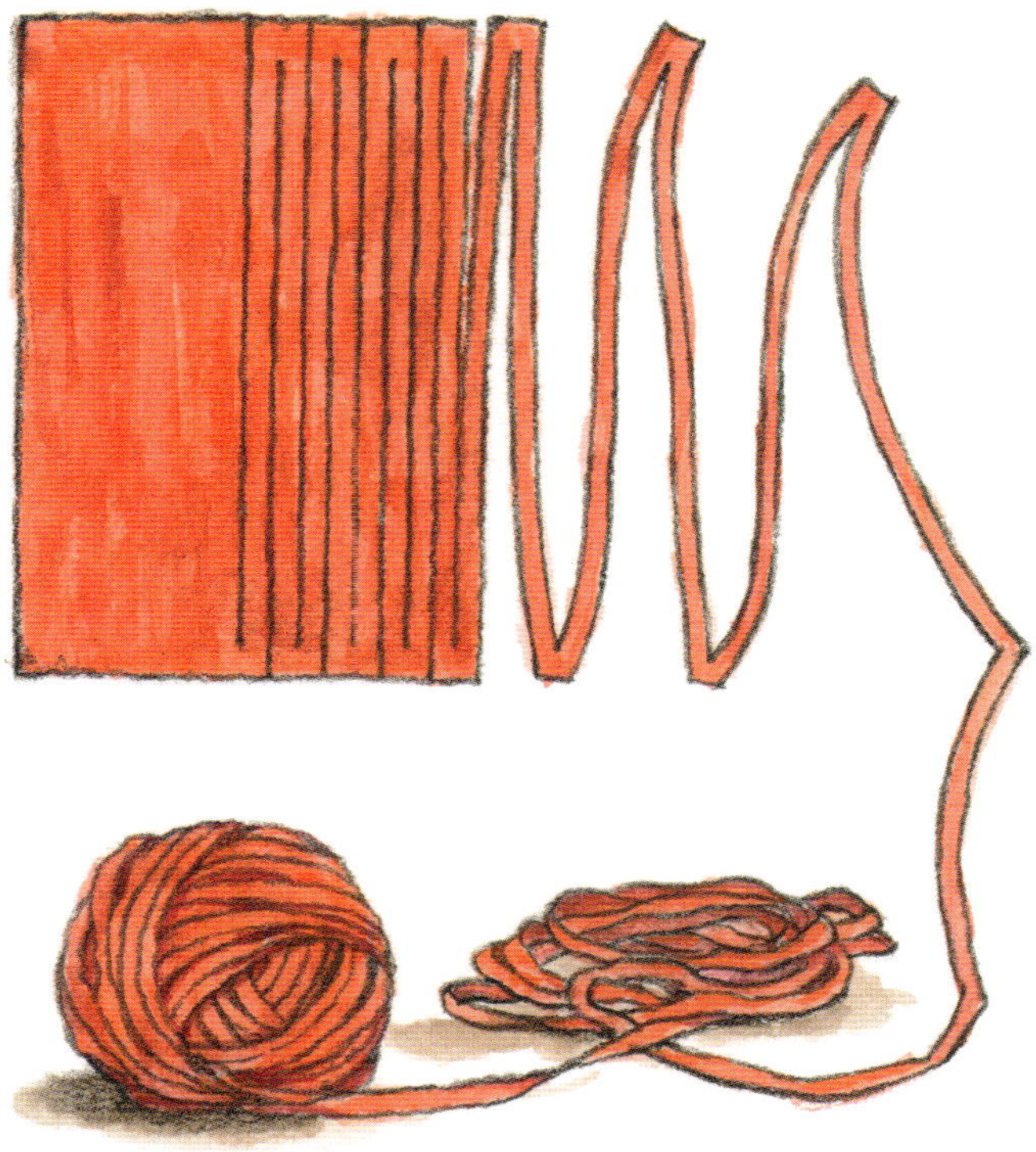

いたんだ布地《ぬのじ》は、細《ほそ》くさいて糸《いと》のようにつかうこともできる。さいた布《ぬの》をよこにおりこんだものを、さきおりという。おびにするとほどけにくく、また、チョッキにすると冬《ふゆ》でも背中《せなか》があたたかい。

ボロの力《ちから》

つぎあてをしてさらにいたむと、ほどいて重ねてぞうきんにぬった。また、いたみの少ない部分《ぶぶん》をはぎあわせて下着《したぎ》にぬったりもした。そして、いよいよボロになるともやして灰《はい》にする。のら着《ぎ》の木綿布《もめんぬの》は、その煙《けむり》がカをよけるし、灰《はい》は畑《はたけ》の肥料《ひりょう》に利用《りよう》できる。すてるところがないんだ。

地球《ちきゅう》にやさしい布地《ぬのじ》なんだね。それに、なんども洗濯《せんたく》した布地《ぬのじ》はやわらかくなり、赤《あか》ちゃんのはだにやさしい。だから、こうした布地《ぬのじ》でおむつをぬったんだ。着物《きもの》1枚《まい》からは7枚《まい》のおむつができたんだよ。

布《ぬの》には力《ちから》があるんだなあ。

むかしののら着《ぎ》から、それを教《おし》えられた。

だいどころ

わたしたちが、いま「だいどころ」とよんでいる場所《ばしょ》は、家《いえ》のなかにある。ながしのそばには調理台《ちょうりだい》やガスレンジがあり、野菜《やさい》や肉《にく》は冷蔵庫《れいぞうこ》にはいっている。でも、むかしの農家《のうか》では、だいどころが家《いえ》のそとまでひろがっていたんだよ。

井戸《いど》の水《みず》は米《こめ》をといだり、料理《りょうり》につかったりする。

ひいおばあちゃんは、井戸《いど》とかまどをいったりきたりしながら食事《しょくじ》のしたくをする。井戸水《いどみず》でといで、まきでたいたごはんはとてもおいしい。

かまどでごはんをたいたり、おかずをにたりする。

そとまでつづくだいどころ

ひいおじいちゃんの家《いえ》は農家《のうか》だ。たずねてみておどろいた。家《いえ》のなかに地面《じめん》がひろがっている。ここを土間《どま》というそうだ。すみにはどろでつくったかまどがでんとすわっていて、そばにたき木《ぎ》がおいてある。近《ちか》くにはながしがある。

「井戸《いど》で米《こめ》をといでこよう」

ひいおばあちゃんはそういってそとにでた。米《こめ》のはいったかまをコンクリートのながしにおき、井《い》戸水《どみず》をそそいでキュッキュッととぐ。ここで野菜《やさい》をあらって切《き》ったり、魚《さかな》をさばいたりもできる。

ひいおばあちゃんはそとから家《いえ》のなかまで、広《ひろ》い場所《ばしょ》を歩《ある》きながら食事《しょくじ》のしたくをする。だいどころは、家《いえ》のそとまでひろがっているんだ。

家《いえ》ののき下《した》も、保存食《ほぞんしょく》づくりにかかせない場所《ばしょ》だ。葉《は》のついたダイコンは、しんなりまがるくらいにほしてからつけものにする。ダイコンのつけものは、たくあんという。

うらの山《やま》からたき木《ぎ》をとってくる。これがかまどや風呂《ふろ》の燃料《ねんりょう》になる。

お昼《ひる》とお茶休《ちゃやす》みをのぞいて、1日《にち》じゅう農作業《のうさぎょう》にあせをながす。

おかずにする野菜《やさい》を畑《はたけ》へとりにいく。どろがついているので、とちゅうの小川《おがわ》であらう。

のき下《した》も畑《はたけ》も……

　ふと、家《いえ》ののき下《した》を見《み》ると、そこには細長く切ったダイコンがたくさんさがっている。ひいおばあちゃんにきくと、かわかして冬《ふゆ》の保存食《ほぞんしょく》にするのだという。さわってみると、ダイコンはかたくなっている。食《た》べるときには、水《みず》につけてやわらかくしてからしょうゆで味《あじ》をつけてにるのだそうだ。

　ひいおばあちゃんは、井戸《いど》のながしで切《き》った野菜《やさい》のくずをどこかにもっていこうとしている。ついていくと、そこは畑《はたけ》のそばの堆肥《たいひ》場《ば》だった。落《お》ち葉《ば》をつんだうえに野菜《やさい》のくずをのせ、発酵《はっこう》させて堆《たい》肥《ひ》をつくる。これが栄養《えいよう》になって、またおいしい野菜《やさい》がそだつんだ。

　農家《のうか》のだいどころは、畑《はたけ》ともつながっていたんだね。

水《みず》がきた

わたしたちの家《いえ》には水道《すいどう》がひかれていて、いつでも水《みず》をつかうことができる。冷蔵庫《れいぞうこ》には、ミネラルウォーターのペットボトルもはいっている。水道《すいどう》のない時代《じだい》には、地下《ちか》から水《みず》をくみあげていた。これを井戸《いど》という。

くるま井戸《いど》

「井戸《いど》ばた会議《かいぎ》」ということばがある。これは、近所《きんじょ》の人《ひと》たちが井戸《いど》に水《みず》をくみにあつまったとき、その順番《じゅんばん》をまちながらおしゃべりしたことからきている。井戸《いど》は、コミュニケーションの場《ば》でもあったのだ。

地下《ちか》を走《はし》る水《みず》の道《みち》

ひいおじいちゃんの家《いえ》には、水道《すいどう》とともにいまも井戸《いど》がある。のぞいてみると、とてもふかく、ずっと下《した》のほうにきらきら光《ひか》る水面《すいめん》が見《み》えた。

「この水《みず》はどこからくるの？」

ひいおじいちゃんにきくと、空《そら》からふった雨《あめ》が地面《じめん》にしみて、土《つち》のなかにはまるで地下鉄《ちかてつ》みたいに「水《みず》の道《みち》」が走《はし》っていると教《おし》えてくれた。そこまでほって水《みず》をあげるのだという。

でも、台地《だいち》と低地《ていち》では井戸《いど》のふかさがちがう。台地《だいち》は水《みず》の道《みち》まで遠《とお》いので、とてもふかくほらないと水《みず》があがってこない。井戸《いど》をほるにはたくさんの時間《じかん》とお金《かね》がかかる。だから近所《きんじょ》がたすけあって共同《きょうどう》の井戸《いど》をほることも多《おお》かった。

ガチャポン

水《みず》のはいったおけをてんびん棒《ぼう》のまえとうしろにさげてはこぶときには、バランスのとりかたがむずかしい。なれないうちは、歩《ある》くたびに水《みず》がポチャンポチャンとこぼれ、つくまでに半分《はんぶん》くらいになってしまうこともあった。

井戸《いど》のかたちと水《みず》くみ

むかしの井戸《いど》は、なわの両《りょう》はしにおけをつけて滑車にかけ、おけを片方ずつあげたりおろしたりしながら水《みず》をくんだ。これをくるま井戸《いど》という。その後《ご》、井戸《いど》に手《て》おしのポンプをとりつける家《いえ》が多《おお》くなった。これはとってをおすたびにガチャガチャと音《おと》がするので、ガチャポンともよばれた。

水《みず》くみは、おもに女《おんな》の人《ひと》やこどもの仕事《しごと》とされた。こどもは学校《がっこう》からかえると、井戸水《いどみず》をくんで風《ふ》呂《ろ》おけにいれてから遊《あそ》びにいったものだ。おけやバケツを両手《りょうて》にさげたり、てんびん棒《ぼう》でかついだりしてはこぶのはたいへんだった。

また、日《ひ》でりがつづくと井戸《いど》がかれることもあり、村《むら》の人《ひと》たちで雨《あめ》がふるようにいのったものだ。

ごはんたき

電気炊飯器《でんきすいはんき》は、スイッチをいれればごはんがたきあがる。そのあいだに、べつの仕事《しごと》もできる。では、むかしつかわれていたかまどはどうだろう。たき木《ぎ》をもやし、その火《ひ》かげんを見《み》ながら、ずっとそばについていたんだ。

60年《ねん》まえの電気《でんき》がまは、ごはんがたきあがるとポンとスイッチが切《き》れた。だから、ごはんの保温《ほおん》はできなかった。いまの電気炊飯器《でんきすいはんき》にはコンピューターがつかわれているので、白《しろ》いごはんや赤飯《せきはん》がおいしくたけるし、保温《ほおん》もできる。

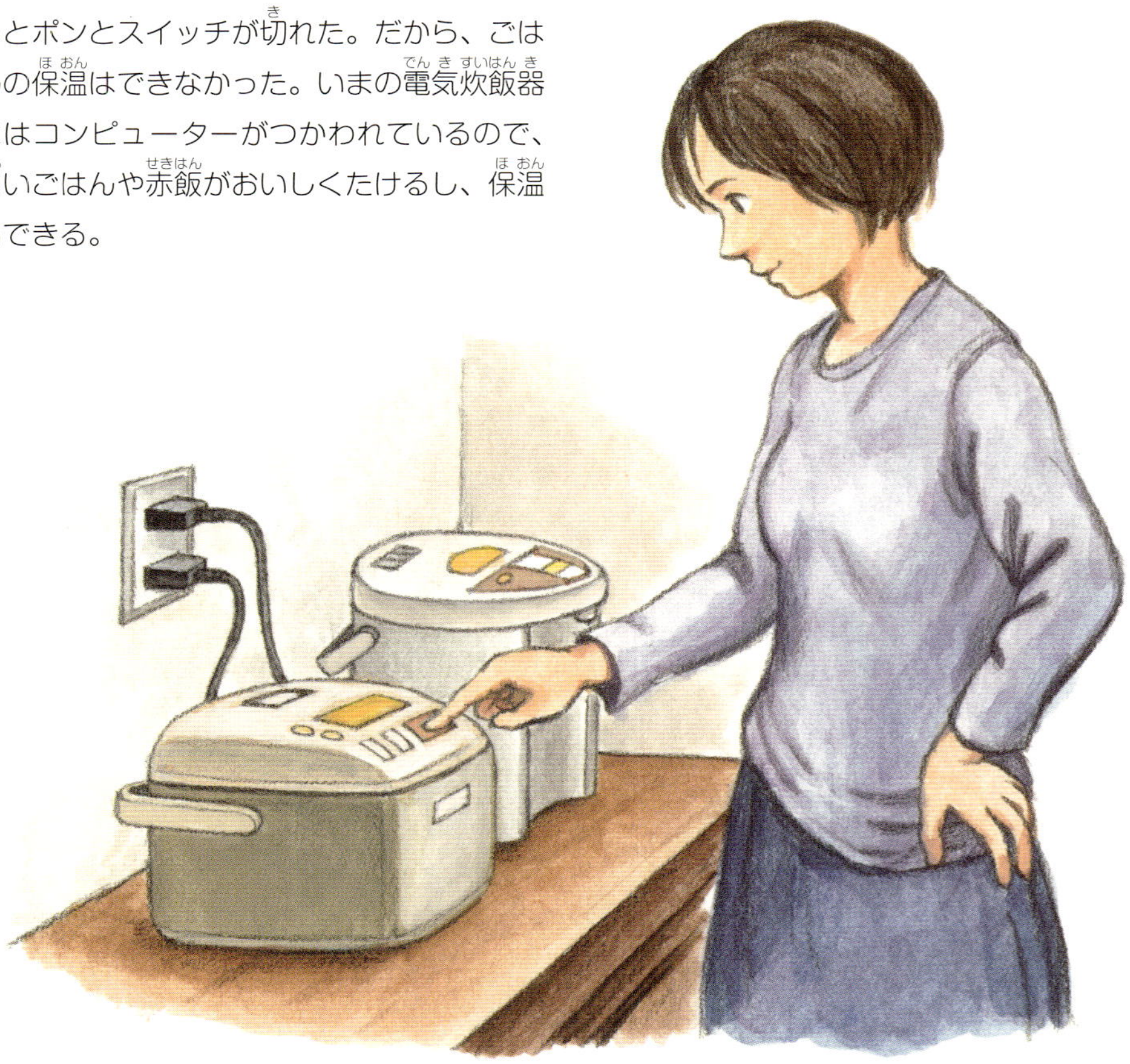

炊飯器《すいはんき》とかまど

パチン、ピ、ピ。お母《かあ》さんは、あしたの朝《あさ》7時《じ》にごはんがたきあがるようにタイマーをセットした。あとは、みんながねているあいだに電気炊飯器《でんきすいはんき》が仕事《しごと》をしてくれる。

ところで、電気炊飯器《でんきすいはんき》はいつごろ発明《はつめい》されたのだろう。調《しら》べてみると、東京《とうきょう》タワーが完成《かんせい》するより4年《ねん》もまえだった。そのころは「電気《でんき》がま」とよばれていた。

それよりむかしは、電気《でんき》ではないかまをつかっていたのかな？

そのとおり。どろや石《いし》やレンガでつくったかまどに大《おお》きな鉄《てつ》のかまをかけ、わらや木《き》の枝《えだ》をもやしながら、ごはんをたいていた。

かまどでたいたごはんはおいしい。だから、ひいおばあちゃんの家《いえ》ではいまもかまどをつかう。

ごはんがたきあがると、かまどからかまをもってきてかまじきにのせ、ここからめいめいのちゃわんにもりつけた。かまじきは稲《いな》わらであんだ。

家《いえ》のなかには広《ひろ》い土間《どま》があり、ここにかまどがつくられていた。かまどのそばには、まきや枝《えだ》などの燃料《ねんりょう》をおいた。竹《たけ》づつで息《いき》をふいたり、うちわであおったりして火かげんを調整《ちょうせい》するのは、とてもけむたい仕事《しごと》だ。

おいしいごはんをたく

「はじめチョロチョロ、なかパッパ、ジュウジュウいったら火《ひ》をひいて」ということばを知《し》っているかな?

つまり、最初《さいしょ》は弱火《よわび》でだんだんと火力《かりょく》をあげ、ジュウジュウとふっとうしたら、また火《ひ》を弱《よわ》めて余熱《よねつ》でむすんだよ。とちゅうでは、うちわであおったり息《いき》をフーフーとふきかけたりして、風《かぜ》をおくりながら火《ひ》がきえないようにする。おいしいごはんがたきあがるまでは、ずっとかまどにつきっきりだ、とひいおばあちゃんは話《はな》していた。

朝《あさ》6時《じ》30分《ぷん》。目《め》がさめると、だいどころからシュー、シューという音《おと》がきこえてきた。見《み》ると、炊飯器《すいはんき》がはたらいている。そばでお母《かあ》さんが、おかずをつくっていた。

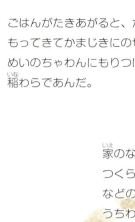

ごはんを食《た》べる

きのうの朝《あさ》・昼《ひる》・晩《ばん》の食事《しょくじ》には、なにを食《た》べたかな？　どんな食器《しょっき》をつかって、だれといっしょに食べたのかな？　あとかたづけはどうしたかな？　いまとむかしの食事《しょくじ》のようすをくらべて、かわったところを見《み》つけてみよう。

こどもは、小学生《しょうがくせい》になると自分《じぶん》の箱《はこ》ぜんを買《か》ってもらえた。それまでは、お母《かあ》さんの箱《はこ》ぜんでいっしょに食《た》べた。こどもの箱《はこ》ぜんは、おとなのものよりひとまわり小《ちい》さい。

箱《はこ》ぜんをつかった食事《しょくじ》

ひいおじいちゃんの家《いえ》には、むかしつかっていた箱《はこ》ぜんがある。ふたがついた正方形《せいほうけい》の木《き》の箱《はこ》で、なかには、ごはんのちゃわん、みそ汁《しる》のわん、皿《さら》、湯《ゆ》のみぢゃわん、はしがはいっている。

ひいおばあちゃんは、ふたをひっくりかえして食器《しょっき》やはしをのせ、「これをおぜんにするんだよ」と教《おし》えてくれた。おかず皿《ざら》は1枚《まい》。むかしは大《おお》きなどんぶりにつけものや野菜《やさい》のにものをもり、それをまわしながら自分《じぶん》の皿《さら》にとった。

食事《しょくじ》がすむと、食器《しょっき》に湯《ゆ》や茶《ちゃ》をそそぎ、ごはん粒《つぶ》やこびりついたおかずをすすいでのみほす。こうすれば食器《しょっき》がきれいになるし、食《た》べものをそまつにすることもない。

……なるほど。

ちゃぶ台《だい》

ちゃぶ台《だい》は畳《たたみ》のへやにおかれた。だから、いすはつかわず、食《た》べるときは家族《かぞく》みんなが畳《たたみ》にすわった。

あしをだした状態《じょうたい》

あしをたたんだ状態《じょうたい》

ちゃぶ台《だい》とテーブル

箱《はこ》ぜんにかわってふきゅうしたのが、ちゃぶ台《だい》だ。円形《えんけい》や四角形《しかくけい》の台《だい》に、ひくいあしがついている。箱《はこ》ぜんと大《おお》きくちがうのは、家族《かぞく》がひとつの食卓《しょくたく》をかこめるようになったことだ。

一家《いっか》の「柱《はしら》」のお父《とう》さんから、お母《かあ》さん、弟《おとうと》や妹《いもうと》、そして、おじいさんやおばあさんまで、家族《かぞく》みんながあつまる場《ば》には、だんらんがうまれた。また、あしがおりたたみ式《しき》なので、食事《しょくじ》がすむとたたんでへやのすみにかたづけておける。だから、へやを食事《しょくじ》以外《いがい》にもつかうことができた。

ちゃぶ台《だい》は便利《べんり》だね。

いま、わたしの家《いえ》では、ダイニングキッチンにテーブルといすがおいてある。

家《いえ》をたてる

わたしたちがすんでいる家《いえ》に、どんな材料《ざいりょう》でできているだろう。鉄《てつ》、コンクリート、プラスチック、ガラス、紙《かみ》など、いろいろなものがつかわれている。むかしの家《いえ》は、木《き》や土《つち》や紙《かみ》でできていた。また、やねは草《くさ》でふいていた。

家《いえ》をたてるのは大仕事《おおしごと》だ。とびや大工《だいく》、左官《さかん》、建具屋《たてぐや》など、いろいろな職人《しょくにん》がたずさわる。親《しん》せきや近所《きんじょ》の人《ひと》たちも、てつだいにきてくれた。

かべの表面《ひょうめん》にぬるしっくいは、石灰《せっかい》や麻《あさ》、ツノマタという海《かい》そうをまぜあわせて、ねったものだ。

100年《ねん》まえにたてた家《いえ》

夏休《なつやす》みに親《しん》せきのおじさんをたずねた。そこはミンミンゼミがなく山《やま》あいの村《むら》で、川《かわ》にそって1本《ほん》の道《みち》がある。おじさんの家《いえ》は、そのいちばんおくだ。道《みち》から少《すこ》し高《たか》いところに屋敷《やしき》があり、中央《ちゅうおう》に大《おお》きな家《いえ》がたっている。へやは広《ひろ》くてんじょうも高《たか》く、うら山《やま》からの風《かぜ》がふきぬけてすずしい。

「この家《いえ》はいつごろたてたの？」

おじさんにきくと、100年《ねん》もまえだという。家《いえ》の材料《ざいりょう》は木《き》と土《つち》と紙《かみ》と草《くさ》。みんな自然《しぜん》のものだ。

「鉄《てつ》やコンクリートでなくても、ながもちするんだね」

「そのためには火《ひ》が必要《ひつよう》だ。家《いえ》のなかでは、かまどやいろりで火《ひ》をもやす。その煙《けむり》でいぶされて、家《いえ》はじょうぶになるんだよ」

草《くさ》やねの材料《ざいりょう》には、ススキやヨシが多《おお》くつかわれた。かたくてくさりにくいのでやねがながもちする。また、うちがわには麦《むぎ》わらや稲《いな》わらをつかった。

地面《じめん》をたたいてかたくしたところに石《いし》をおき、その上《うえ》に土台《どだい》の材木《ざいもく》をのせて柱《はしら》をたてる。地面《じめん》から少《すこ》しはなれているので、材木《ざいもく》がくさりにくい。

材料《ざいりょう》はなに？

柱《はしら》をたてる石《いし》の土台《どだい》は、山《やま》や川原からとってきたものだ。柱《はしら》になるスギやヒノキ、ケヤキは、うら山《やま》から伐《き》ってきたものをしばらくねかせてからつかう。

かべは、まず細《ほそ》いタケをたてよこに組《く》んでなわをからめ、その上《うえ》にねんどをぬりつける。ねんどには「すさ」といってこまかくきざんだわらがまぜてある。表面《ひょうめん》にはしっくいという白《しろ》いかべ土《つち》をぬる。

へやは板戸《いたど》やふすまでしきられ、そとに面《めん》したえんがわとのさかいには障子《しょうじ》がはいっている。障子紙《しょうじがみ》からはやさしい光《ひかり》がさしこむ。

やねの材料《ざいりょう》は、ススキやヨシなどの草《くさ》だ。冬《ふゆ》になると、やね屋《や》をたのんで、いたんだ部分《ぶぶん》をふきかえた。

家《いえ》のかたち

わたしたちの家《いえ》は、だいどころと食堂《しょくどう》をかねたダイニングキッチン、居間《いま》、応接間《おうせつま》、寝室《しんしつ》など、いくつものへやにわかれている。そして、その広《ひろ》さをかえることはできない。むかしの家《いえ》は、しきりのふすまや障子《しょうじ》をはずせば、広《ひろ》くつかうこともできた。

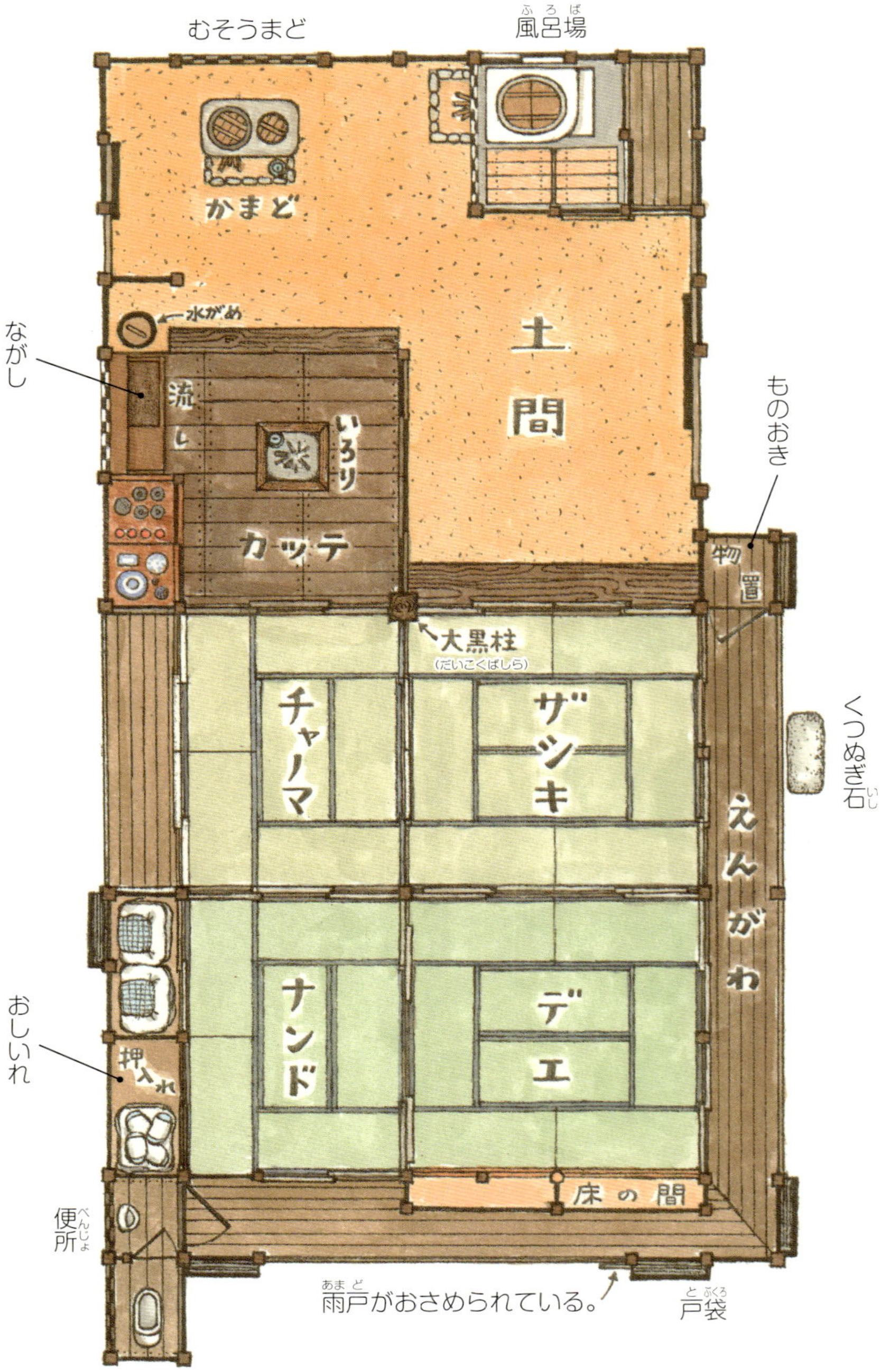

「田《た》」の字《じ》のかたち

親《しん》せきのおじさんの家《いえ》は、いまから100年《ねん》くらいまえにたてたもので、広《ひろ》い土間《どま》と4つのへやがある。正面《しょうめん》にザシキとデエ、おくにナンドとチャノマが2へやずつならび、そのかたちはちょうど漢字《かんじ》の「田《た》」ににている。

ザシキは、春《はる》から秋《あき》までカイコをかうのにつかわれた。そのときには畳《たたみ》をあげてたなを組《く》み、そこにかごをのせてカイコをひろげたそうだ。デエはお客《きゃく》さんのへやで、床《とこ》の間《ま》がある。家《いえ》のなかではいちばん格式《かくしき》が高《たか》い。ナンドはヘヤともよばれ、寝室《しんしつ》としてつかわれるから昼間《ひるま》もうす暗《ぐら》い。むかしは、ここでお産《さん》もした。チャノマは家《か》族《ぞく》のだんらんの場《ば》で、これにつづくカッテの板《いた》の間《ま》で食事《しょくじ》をとった。

広《ひろ》さがかえられる

むかしは、結婚式《けっこんしき》も葬式《そうしき》も、みんな自分《じぶん》の家《いえ》でおこなった。たくさんの人《ひと》をまねくには、広《ひろ》いへやが必要《ひつよう》だ。そこで、デエとザシキをしきる板戸《いたど》をはずして2へやつづきの広間《ひろま》をつくった。

「結婚式《けっこんしき》では、新郎新婦《しんろうしんぷ》と仲人《なこうど》が床《とこ》の間《ま》のまえにすわり、親《しん》せきや家族《かぞく》がデエからザシキにずらりとならんだ。そのようすを、近所《きんじょ》の人《ひと》たちも見《み》にきたものだよ。村《むら》のみんなでお祝《いわ》いしたんだ」

祭《まつ》りでは、ヤドという当番《とうばん》の家《いえ》が集会所《しゅうかいじょ》の役目《やくめ》をはたし、広間《ひろま》に村《むら》じゅうの人《ひと》があつまった。

むかしの家《いえ》は、板戸《いたど》も障子《しょうじ》もふすまもとりはずしができるから、へやの広《ひろ》さをかえていろいろなつかいかたができたんだね。

畳《たたみ》はたたむ

わたしたちはいま、板《いた》じきのへやにテーブルをおき、いすにこしかけて食事《しょくじ》をとることが多《おお》い。でも、こたつのへやには畳《たたみ》がしいてある。畳《たたみ》の上《うえ》でねると、やわらかくて気《き》もちがいい。畳《たたみ》からは、ほのかに草《くさ》のにおいもしてくる。

①つゆがあけたらイグサをかる。
②色《いろ》つやをよくするためにどろ水《みず》にひたす。
③しっかりほしてかわかす。
畳《たたみ》は「畳《たたみ》おもて」「畳床《たたみどこ》」「畳《たたみ》べり」からできている。どんなふうにつくるか見《み》ていこう。
①かったイネをつぎの年《とし》のつゆあけまでほす。ほしたものが「わら」。
②わらで「こも」をあむ。
③こもの上《うえ》に、わらを何重《なんじゅう》にもしきつめる。

わらと草《くさ》でつくる

畳《たたみ》をつくるには、まず、イネのわらをたくさん重《かさ》ねて圧縮《あっしゅく》し、太《ふと》い糸《いと》でぬって厚《あつ》さ5センチくらいの畳床《たたみどこ》をつくる。これに畳《たたみ》おもてのござをかぶせると、畳《たたみ》ができあがる。ござは、イグサという茎《くき》の細《ほそ》い草《くさ》であんだものだ。

畳《たたみ》1枚《まい》の大《おお》きさは、91×182センチくらいで、これをへやの大《おお》きさにあわせて6枚《まい》、8枚《まい》、10枚《まい》とならべていく。

春《はる》やくれのおおそうじには、畳《たたみ》をあげてそとにだし、太陽《たいよう》にあててほす。こうすれば、湿気《しっけ》がとんで、畳床《たたみどこ》もいたまないでながもちするし、虫《むし》よけにもなる。また、ほしているあいだには棒《ぼう》でパンパンとたたいて、畳《たたみ》にたまったほこりをとる。

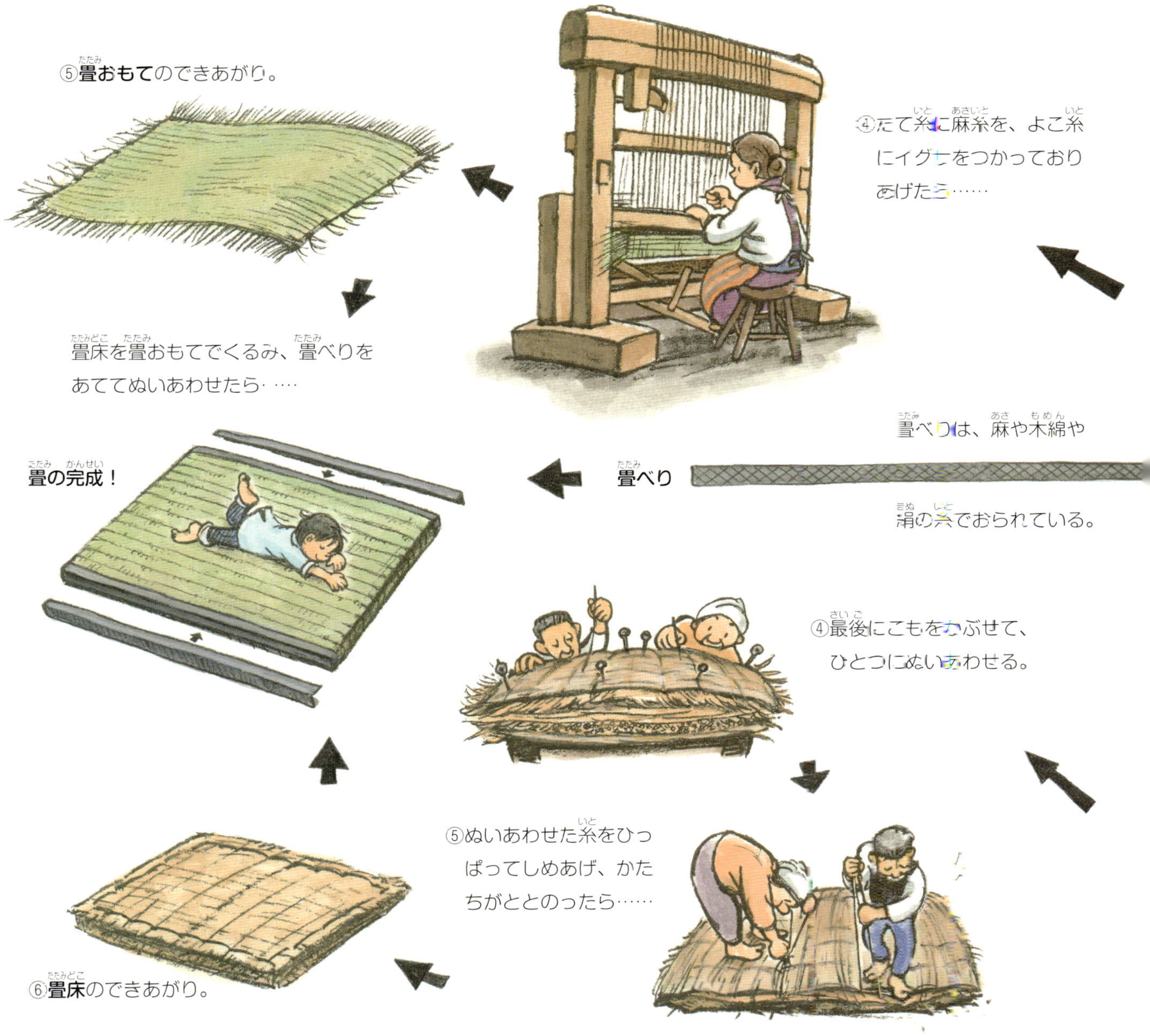
④たて糸《いと》に麻糸《あさいと》を、よこ糸《いと》にイグサをつかっておりあげたら……
⑤畳《たたみ》おもてのできあがり。
畳床《たたみどこ》を畳《たたみ》おもてでくるみ、畳《たたみ》べりをあててぬいあわせたら……
畳《たたみ》べりは、麻《あさ》や木綿《もめん》や
畳《たたみ》べり
絹《きぬ》の糸《いと》でおられている。
畳《たたみ》の完成《かんせい》！
④最後《さいご》にこもをかぶせて、ひとつにぬいあわせる。
⑤ぬいあわせた糸《いと》をひっぱってしめあげ、かたちがととのったら……
⑥畳床《たたみどこ》のできあがり。

畳《たたみ》はたたむ

ところで、畳《たたみ》はどうして「たたみ」というのかな？

答《こた》えは「たたむ」から。むかしの畳《たたみ》はうすべりともいって、わらの床《とこ》がないござだけのものだった。だから、お客《きゃく》さんがきたときやねるときに畳《たたみ》をしき、つかわないときにはたたんで、かたづけた。あつい畳《たたみ》になってからもおなじこと。必要《ひつよう》なときだけだして、あとははずして重《かさ》ねておいた。

１００年《ねん》まえにたてた家《いえ》にすむおじさんの話《はなし》を思《おも》いだした。

おじさんの家《いえ》ではカイコをかっていて、毎年春先《まいとしはるさき》にはへやの畳《たたみ》を全部《ぜんぶ》あげてカイコのたなを組《く》んだ。また、食事《しょくじ》をとる板《いた》の間《ま》には、冬《ふゆ》だけ畳《たたみ》をしいた。畳《たたみ》は、季節《きせつ》ごとに出番《でばん》がきまっていたんだね。

火《ひ》のあるくらし

いま、わたしたちの家《いえ》で、火《ひ》がもえている場所《ばしょ》はある？　ストーブ、ガスレンジ、仏《ぶつ》だんのろうそく。いえ、わたしの家《いえ》は、ストーブではなくエアコン。ぼくの家《いえ》はガスレンジではなくI《アイ》H《エイチ》ヒーター。どちらも火《ひ》はない。

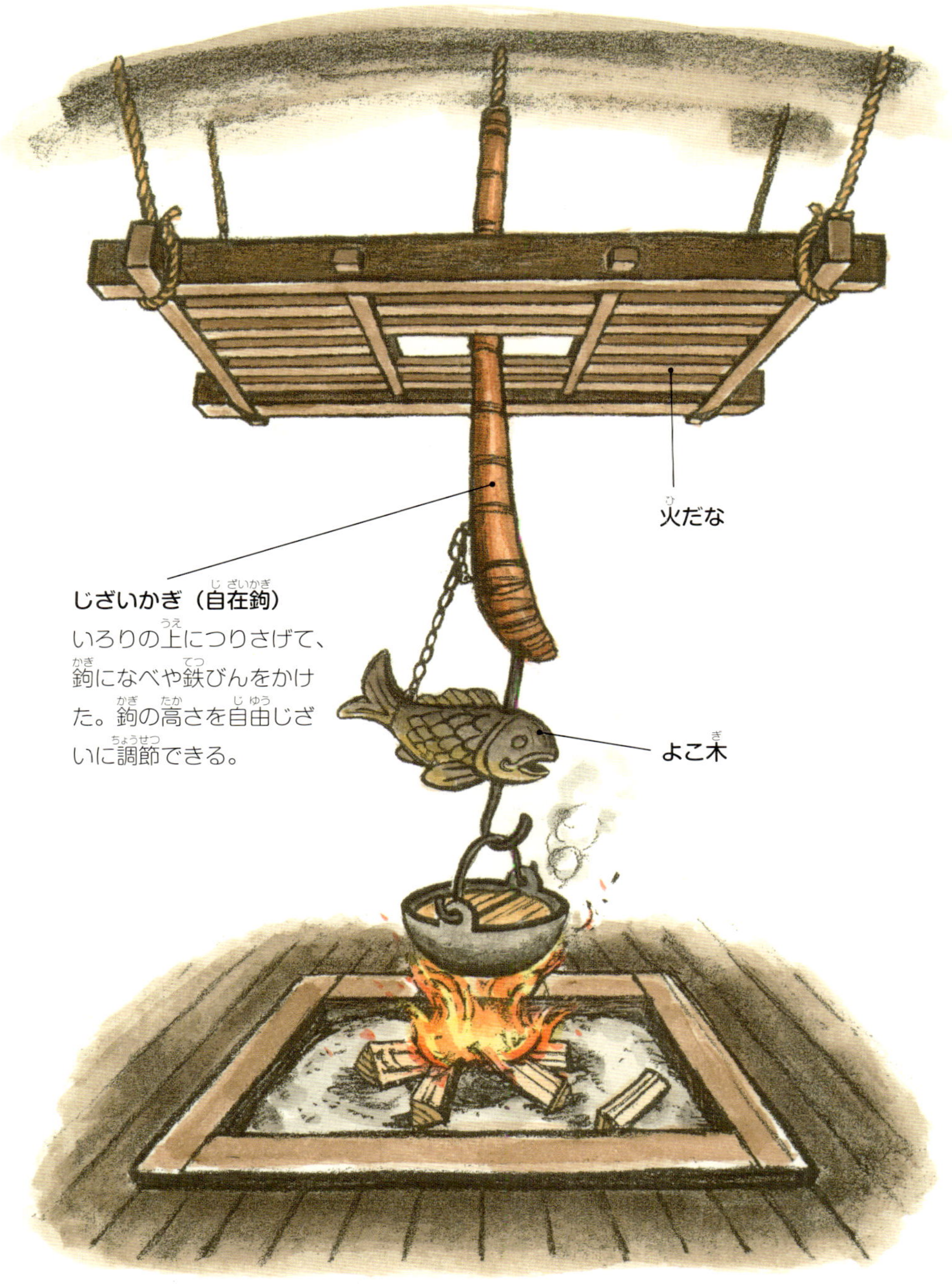
火《ひ》だな
じざいかぎ（自在鉤《じざいかぎ》）
いろりの上《うえ》につりさげて、鉤《かぎ》になべや鉄《てつ》びんをかけた。鉤《かぎ》の高《たか》さを自由《じゆう》じざいに調節《ちょうせつ》できる。
よこ木《ぎ》

いろりの火《ひ》をかこむ

親《しん》せきのおじさんの家《いえ》には、いろりがある。さむい冬《ふゆ》はもちろん、春《はる》も夏《なつ》も秋《あき》も、1年《ねん》じゅう火《ひ》がもえている。

上《うえ》からはじざいかぎがさがっていて、その先《さき》に鉄《てつ》びんをかけて湯《ゆ》をわかしている。この湯《ゆ》で、お茶《ちゃ》をいれる。また、1日《にち》の仕事《しごと》がおわると、おばさんは小麦粉《こむぎこ》を水《みず》でこねてうどんをうち、じざいかぎにかけたなべで野菜《やさい》といっしょにぐつぐつとにこむ。これが夕食《ゆうしょく》だ。

いろりのそばには、たき木《ぎ》をいれた箱《はこ》がおいてある。おじさんは、たき木《ぎ》をとってはいろりにくべて、火力《かりょく》が弱《よわ》くならないよう調整《ちょうせい》する。

いろりの火《ひ》をかこむおじさんとおばさんの顔《かお》は、ポッポとほてっている。

おじさんがこどものころのいろりばた。夜《よ》なべ仕事《しごと》で着物《きもの》をぬうおばあさんのまえには、ランプがつるしてある。いろりでもえる火《ひ》も、手《て》もとをてらすあかりの役目《やくめ》をはたした。

竹《たけ》ぐしにイモや魚《さかな》などをさし、これを火《ひ》のまわりにたててやくと、こうばしくておいしい。民宿《みんしゅく》には、いまもいろりで火《ひ》をもやしているところがある。

家《いえ》のなかでもえる火《ひ》

おじさんが話《はな》してくれた。

「むかしは、夕食《ゆうしょく》がおわると、男《おとこ》の人《ひと》はいろりのまわりでなわをなったり、ぞうりをあんだりした。女《おんな》の人《ひと》は、いたんだ着物《きもの》につぎをあてたり、たびをつくろったりした。そのあいだには、こどもたちにいろんな話《はなし》をきかせたものだ。

食《た》べるときも、仕事《しごと》をするときも、話《はなし》をきくときも、その中心《ちゅうしん》にはいつも火《ひ》がもえていた。

いろりだけじゃない。むかしは、土間《どま》のかまどに火《ひ》をおこしてごはんをたいていたし、風呂《ふろ》もまきの火《ひ》でわかしていた。家《いえ》のなかのそこかしこに火《ひ》がもえていたんだ」

電気《でんき》を消《け》してろうそくをともしてみた。ゆらゆらともえる火《ひ》は、とてもあたたかく感《かん》じた。

第《だい》4章《しょう》▼生《い》きていくための仕事《しごと》

チエちゃんは、同級生《どうきゅうせい》のシゲルくんの家《いえ》で田植《たう》えをした。

シゲルくんの家《いえ》では、おじいさんが米《こめ》をつくっている。

田植《たう》えのあと、シゲルくんのおじいさんは、米《こめ》づくりにはどんな仕事《しごと》があるのかを教《おし》えてくれた。

おじいさんは、田《た》んぼだけでなく、畑《はたけ》や山《やま》でも仕事《しごと》をしている。

「わたしのお父《とう》さんは会社《かいしゃ》ではたらいているけど、シゲルくんのおじいさんはいろいろな仕事《しごと》をしているんだね」

おじいさんがこどものころは、カイコをかったり、炭《すみ》やきをしたり……。

もっとたくさんの仕事《しごと》をしていたそうだ。

米《こめ》をつくる　田植《たう》え

みんなが毎日《まいにち》食《た》べている米《こめ》は、イネという植物《しょくぶつ》の実《み》だ。イネは水《みず》をはった田《た》んぼ（水田《すいでん》）でそだてる。イネの苗《なえ》を田《た》んぼへ植《う》えることを「田植《たう》え」という。田植《たう》えは、田《た》の神《かみ》さまをおむかえしておこなう、神聖《しんせい》な行事《ぎょうじ》でもあった。

いいタネもみをえらび、苗《なわ》しろでたいせつにそだてる。

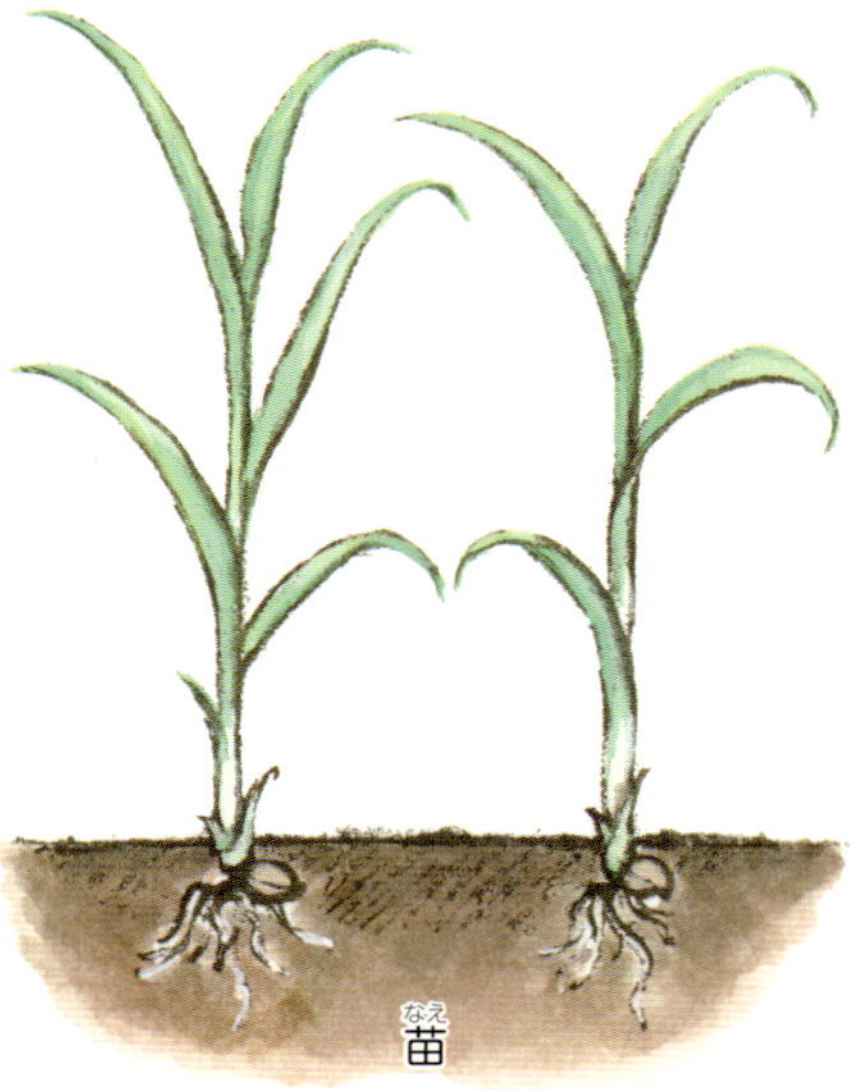
苗《なえ》

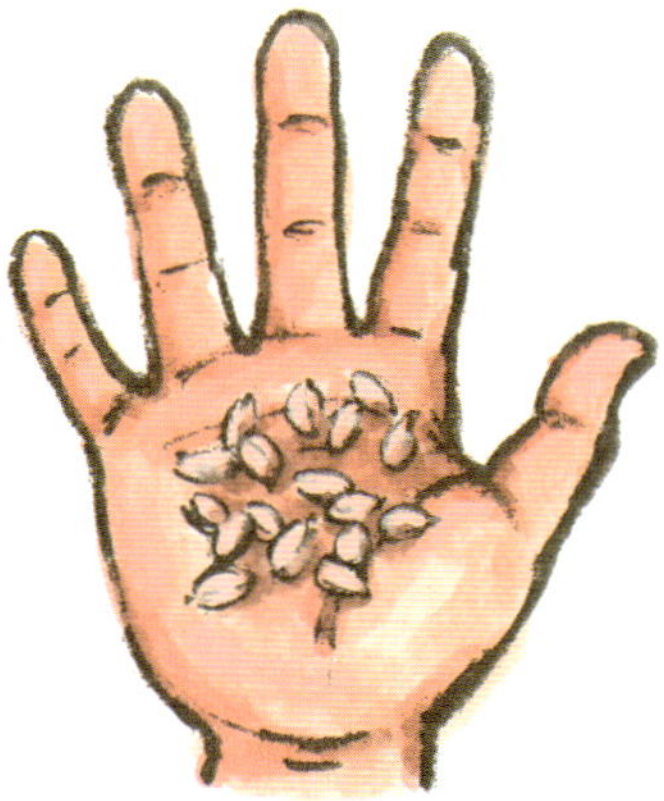
タネもみ

苗《なわ》しろから苗《なえ》をはこぶ。
苗《なえ》
田《た》んぼへ苗《なえ》をなげいれる。

苗《なえ》をそだてる

米《こめ》づくりは、むかしから「苗半作《なえはんさく》」という。おいしい米《こめ》を収穫《しゅうかく》するためには、いい苗《なえ》をつくることがたいせつという意味《いみ》だ。

まずはいいタネもみ（イネのタネ）をえらぶことからはじまる。まえの年《とし》にイネがよくできた田《た》んぼからタネもみをえらび、きずつけないようにていねいに手《て》でかりとって、保存《ほぞん》しておく。春《はる》になったら水《みず》につけて、よく中身《なかみ》がつまったタネもみをえらぶ。

タネもみは、田《た》んぼや畑《はたけ》の苗《なわ》しろとよばれる場所《ばしょ》にまく。日《ひ》あたりがよく、水《みず》の管理《かんり》がしやすい場所《ばしょ》をえらぶことがたいせつだ。

芽《め》がでると、苗《なわ》しろで4週間《しゅうかん》ほどそだて、本葉《ほんよう》が4、5枚《まい》ほどに生長《せいちょう》したら、田植《たう》えとなる。

しろかき

むかしは田《た》んぼの土《つち》をよくたがやすため、ウシやウマが活《かつ》やくした。

田《た》植《う》え

すげがさ
さおとめ（田《た》植《う》えをする女《おんな》の人《ひと》たちのこと）
のら着《ぎ》

田《た》植《う》えはおおぜいで力《ちから》をあわせておこなった。

田《た》んぼの準備《じゅんび》と田《た》植《う》え

春《はる》、田《た》植《う》えのまえに、田《た》んぼの準備《じゅんび》をする。まず、冬《ふゆ》のあいだにカチカチにかわいた田《た》んぼの土《つち》をほりおこして、肥料《ひりょう》をいれる。つぎに水《みず》をいれて土《つち》をこまかくくだいてかきまぜ、表面《ひょうめん》をたいらにならす。むかしはウマやウシの力《ちから》をかりた。いまは耕《こう》うん機《き》やトラクターをつかうことが多《おお》い。

いよいよ田《た》植《う》えだ。苗《なわ》しろから苗《なえ》をとってたばねておき、田《た》んぼへはこぶ。田《た》んぼにつけたなわやわくの目印《めじるし》にそって、苗《なえ》を3、4本《ほん》ずつ、まっすぐに植《う》えていく。

むかし、田《た》植《う》えはおおぜいで協《きょう》力《りょく》してするものだった。だから、田《た》植《う》えがおわるとお祝《いわ》いの宴会《えんかい》をすることもあった。いまでは作業《さぎょう》が機械化《きかいか》されたところが多《おお》い。

米《こめ》をつくる　イネかり〜精米《せいまい》

田《た》んぼでは、みのりの秋《あき》をむかえるとイネかりをする。そのあと、稲穂《いなほ》からもみをとり、もみがらをとりのぞくもみすりという作業《さぎょう》をする。イネがごはんになるまでには、どんな仕事《しごと》があるのか見《み》ていこう。

イネかり

イネかり用《よう》のかま

かりとったイネをほす。
イネかけ

イネをたばねて、穂《ほ》を下《した》にしてかける。

イネかりと脱穀《だっこく》

秋《あき》、田《た》んぼの稲穂《いなほ》が重《おも》そうにたれさがり、黄色《きいろ》く色《いろ》づいてくると、イネかりの季節《きせつ》だ。いまは機械《きかい》でかることが多《おお》いけれど、むかしはかまをつかって手《て》でひとつかみずつかった。わらもなわなどの材料《ざいりょう》としてたいせつだったので、イネはなるべく根《ね》もとからかった。

イネをかりとったあとの田《た》んぼに、イネかけやくい棒《ぼう》をたて、たばねたイネをかけて、2、3週間《しゅうかん》よく乾燥《かんそう》させる。こうすることで、カビがはえたり品質《ひんしつ》が落《お》ちたりするのをふせぐ。

イネが乾燥《かんそう》したら庭《にわ》へはこび、あしふみ脱穀機《だっこくき》などをつかって、穂《ほ》からもみ（実《み》）を落《お》としてバラバラにする。この作業《さぎょう》を「脱穀《だっこく》」という。

もみすり

もみがらをはずして、玄米《げんまい》にする。

もみすり臼《うす》

脱穀《だっこく》

穂《ほ》からもみをはずす。

あしふみ
脱穀機《だっこくき》
イネ
回転《かいてん》
もみ
あしでペダルをこむ。

イネがごはんになるまで

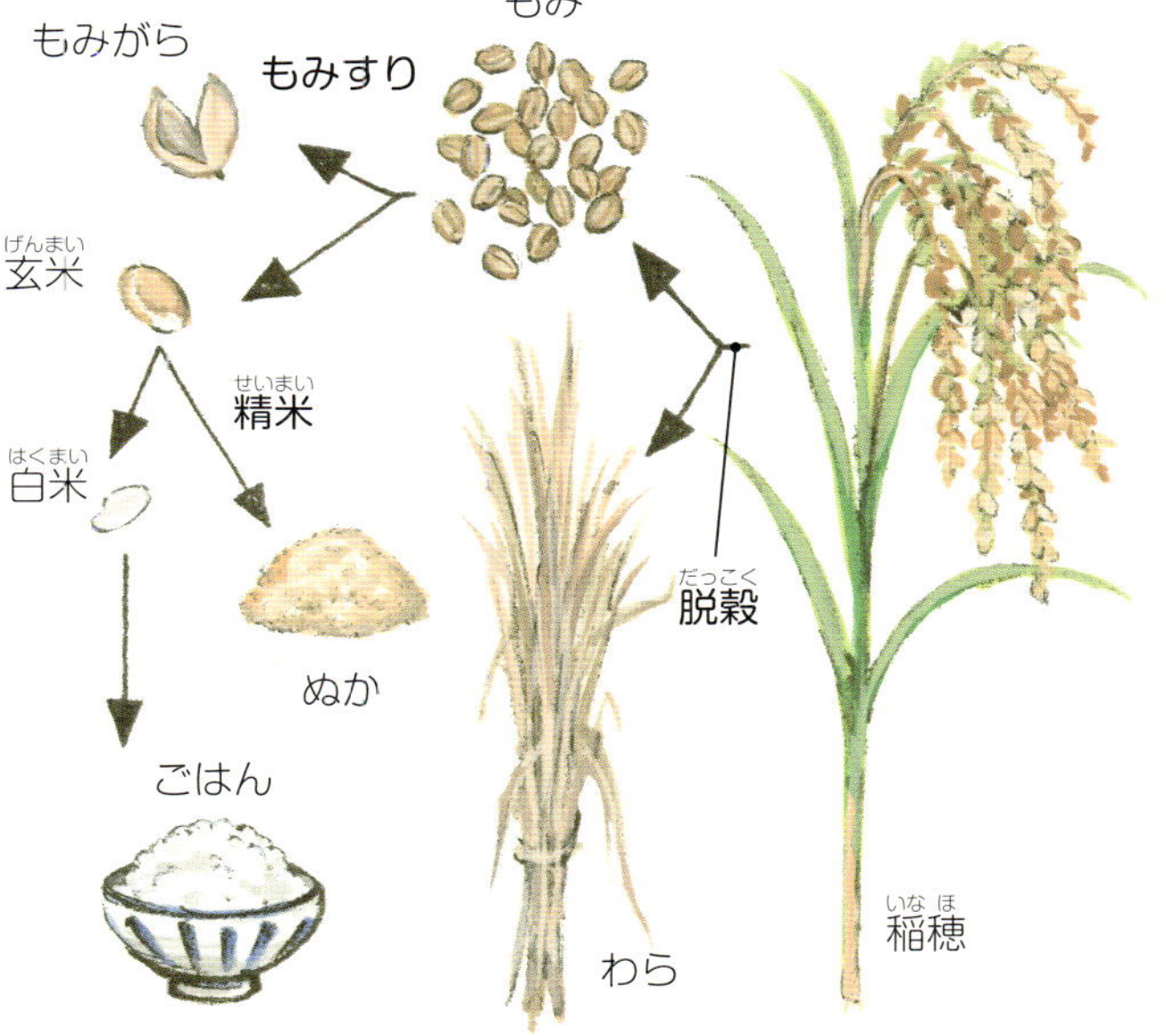
もみ
もみがら
もみすり
玄米《げんまい》
精米《せいまい》
白米《はくまい》
ぬか
ごはん
脱穀《だっこく》
わら
稲穂《いなほ》

精米《せいまい》

玄米《げんまい》をついてぬかをとりのぞき、白米《はくまい》にする。

イネがごはんになるまで

脱穀《だっこく》してできたもみはかたいもみがらにおおわれていて、このままでは食《た》べることができない。だから「もみすり」といって、もみをすり、臼《うす》などにかけてもみがらをはずす。こうしてできたものが玄米《げんまい》だ。ふつう、米《こめ》はこの玄米《げんまい》の状態《じょうたい》で保存《ほぞん》する。

玄米《げんまい》からさらにぬか（胚乳《はいにゅう》）をとりのぞいたものが白米《はくまい》で、これがふだん食《た》べているごはんだ。むかしは、玄米《げんまい》を臼《うす》にいれてきねでついて白米《はくまい》にした。これには水車《すいしゃ》の力《ちから》なども利用《りよう》した。

雨《あめ》の日《ひ》も真夏《まなつ》のあつい日《ひ》もだいじにそだて、ぶじに収穫《しゅうかく》をむかえても、そこからごはんになるまでには、このように多《おお》くのてまがかかっている。

サツマイモをつくる

ほかの作物《さくもつ》がとれないようなやせた土地《とち》でも、天候不順《てんこうふじゅん》でも、サツマイモはよくそだつ。たくさん収穫《しゅうかく》することができる。栄養価《えいようか》も高《たか》く、病気《びょうき》に強《つよ》くて、さいばいのてまも少《すく》なくてすむ。世界《せかい》じゅうの人《ひと》びとを飢《う》えからすくう「スーパー作物《さくもつ》」だ。

サツマイモの利用法《りようほう》
家畜《かちく》のえさ
でんぷんやクエン酸《さん》
いも焼酎
酒《さけ》
ほしいも
ケーキ
いもかりんとう
スイートポテト
やきいも
さつまだんご
いもようかん
いもごはん

サツマイモのパワー

おなじ広《ひろ》さの田《た》んぼと畑《はたけ》に、それぞれイネ（米《こめ》）とサツマイモを植《う》えるとしよう。どちらがたくさんの人《ひと》をやしなえるかな？

答《こた》えはサツマイモ。サツマイモは、米《こめ》の2～3倍《ばい》の人数《にんずう》ぶんの栄養《えいよう》（カロリー）をつくりだせる。だから、古《ふる》くからききんのそなえとしてさいばいされてきた。

食《た》べかたも工夫《くふう》された。かんたんにできるふかしいもややきいも、米《こめ》にまぜてたくいもごはん。いもようかん、いもかりんとうなどのお菓子《かし》の材料《ざいりょう》としても、むかしからつかわれてきた。

乾燥《かんそう》させると保存《ほぞん》がきくので、むして乾燥《かんそう》させたほしいもや、切《き》りぼしの粉《こな》でつくるさつまだんごも、身近《みぢか》なおやつだった。

さつま床《どこ》

ムギやもみのからで
あたたかくする。
たねイモ（サツマイモ）
をならべる。

さつま床《どこ》のなか

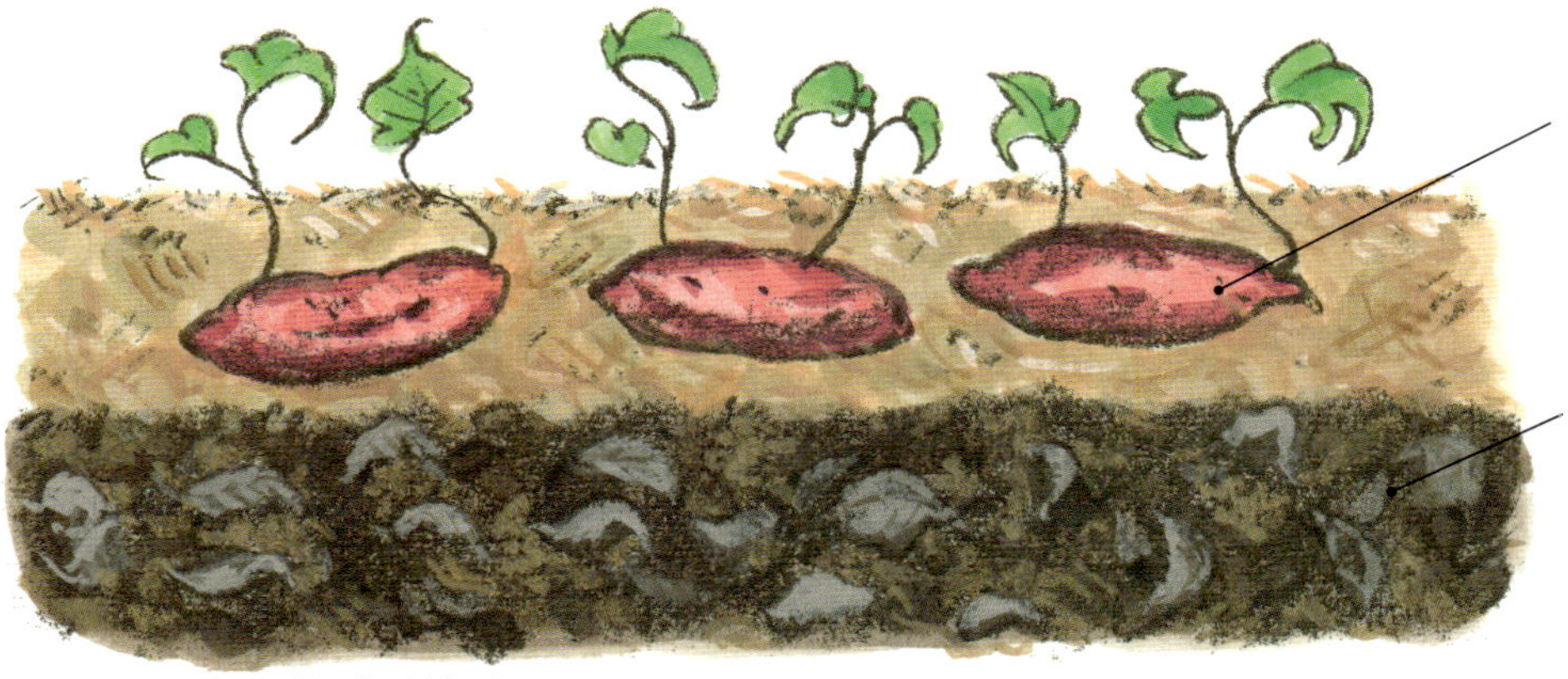
たねイモ
落《お》ち葉《ば》やわらに、ぬかや
ニワトリのふんをまぜた
もの。

発酵《はっこう》の力《ちから》で熱《ねつ》がでて、サツマイモはもっとあたたかくなる。

さいばい法《ほう》

サツマイモは土《つち》のなかにできる。タネではなくイモからそだてる。

春《はる》、苗床《なえどこ》にたねイモをふせておくと、いくつも芽《め》がでてつるがのびる。これを切《き》りとって畑《はたけ》へ植《う》えると、やがてつるから根《ね》がでてイモができる。サツマイモの苗《なえ》はムギ畑《ばたけ》に植《う》えるとよくそだつ。

つるがのびて地面《じめん》にふれると、そこからまた根《ね》がでてくる。ほうっておくと葉《は》ばかりそだってイモがそだたないので、つるを地面《じめん》からはがす。肥料《ひりょう》をやりすぎてもいけない。やせた土地《とち》でもそだつサツマイモは、栄養《えいよう》をやりすぎると、ぎゃくに大《おお》きなイモがつかない。

収穫《しゅうかく》したあとのつるは肥料《ひりょう》や家《か》畜《ちく》のえさになった。つるも栄養《えいよう》たっぷりだからむだにはできない。

カイコをかう

昭和《しょうわ》のはじめ、たくさんの農家《のうか》がカイコを飼育《しいく》した。カイコのつくるまゆを売《う》ってお金《かね》を手《て》にいれるためだ。そのため、たいせつな収入源《しゅうにゅうげん》であるカイコを「おカイコさま」とよんだそうだ。

はきたて

たね（卵《たまご》）からかえった小《ちい》さいカイコをはねぼうきでやさしくカイコかごへうつす。

たな　カイコかごを何段《なんだん》もさしてカイコをかう。
はねぼうき
きざんだクワの葉《は》
カイコかご
たね紙《がみ》

クワつみ

クワ畑《ばたけ》でクワの葉《は》や枝《えだ》をつんできて、カイコにあたえる。カイコは大《おお》きくなるにつれてたくさん食《た》べるようになるので、クワつみは一家《いっか》をあげての仕事《しごと》になる。

クワの枝《えだ》
かま

ヒトよりエライ？おカイコさま

卵《たまご》からかえったばかりのカイコは、黒《くろ》い小《ちい》さなゴマ粒《つぶ》みたいなケムシだ。これが4回《かい》も脱皮《だっぴ》して大《おお》きく白《しろ》いイモムシにそだつ。クワの葉《は》をたくさん食《た》べるので、毎日《まいにち》何度《なんど》もクワ畑《ばたけ》へいって、たくさんつんでこなければならない。

カイコはさむさや乾燥《かんそう》にとても弱《よわ》く、病気《びょうき》になりやすい。温度調節《おんどちょうせつ》がたいせつなので、家《いえ》のなかにカイコのたなをつくった。春《はる》、まださむい時期《じき》にはへやを密閉《みっぺい》して、炉《ろ》という暖房器具《だんぼうきぐ》であたためた。

カイコだなの数《かず》がふえると、畳《たたみ》をあげてたなをおいた。家族《かぞく》はカイコのたなとたなのあいだでねたそうだ。それほど、カイコをたいせつにした。

じょうぞく（上蔟《じょうぞく》）

まゆをつくる状態《じょうたい》になったカイコをまぶしにいれる。

カイコ
まぶし《まぶし》（蔟）

カイコにまぶしのなかでまゆをつくる。

カイコのまゆは絹糸《きぬいと》になる

カイコは、卵《たまご》からかえって25日《にち》くらいでクワを食《た》べなくなり、白《しろ》い体《からだ》が、すきとおったあめ色《いろ》になってくる。これは、まゆをつくってさなぎになるしるしなので、カイコをまぶしの上《うえ》にうつす。まぶしとは、カイコがまゆをつくりやすいように、わらなどでつくったしかけのこと。1匹《ぴき》ずつまぶしにうつしていた時代《じだい》は、とてもいそがしかったので、親《しん》せきや近所《きんじょ》の人《ひと》にまでてつだいをたのんだ。

まゆができあがったら、まぶしからまゆをかきだして、絹糸《きぬいと》にするために製糸工場《せいしこうじょう》に出荷《しゅっか》する。

春《はる》から秋《あき》まで、3、4回《かい》カイコを飼育《しいく》するので、米《こめ》づくりと重《かさ》なってとてもいそがしいが、よい収《しゅう》入《にゅう》になった。

カキ　実《み》のなる木《き》とその利用《りよう》

カキは、古《ふる》くから日本《にほん》でさいばいされている果樹《かじゅ》だ。病気《びょうき》や害虫《がいちゅう》が少《すく》なく、日本《にほん》の風土《ふうど》にあっているため、全国《ぜんこく》でさいばいされてきた。日本《にほん》には、1000種類《しゅるい》以上《いじょう》のカキがあるといわれている。

カキのいろいろ

富有柿《ふゆうがき》

完全甘《かんぜんあま》ガキ
・富有柿《ふゆうがき》
・次郎柿《じろうがき》　など
タネがあってもなくても、じゅくすとあまくなる。

筆柿《ふでがき》

不完全甘《ふかんぜんあま》ガキ
・筆柿《ふでがき》
・西村早生柿《にしむらわせがき》　など
タネができると、しぶがぬけてあまくなる。

甲州百目柿《こうしゅうひゃくめがき》

不完全渋《ふかんぜんしぶ》ガキ
・甲州百目柿《こうしゅうひゃくめがき》
・平核無柿《ひらたねなしがき》　など
タネができると、タネのまわりだけしぶがぬける。

西条柿《さいじょうがき》

完全渋《かんぜんしぶ》ガキ
・西条柿《さいじょうがき》
・市田柿《いちだがき》　など
実《み》がとろけるほどじゅくすとしぶがぬける。

カキの種類《しゅるい》とそのパワー

カキはあまくて栄養価《えいようか》も高《たか》く、薬としてもつかわれた。むかしの農家《のうか》の庭《にわ》には、だいたい何本《なんぼん》かカキの木《き》が植《う》えられていたものだ。「桃栗《ももくり》3年柿《ねんかき》8年《ねん》」といって、実《み》がなるまでには長《なが》い年月《ねんげつ》がかかるが、水気《みずけ》の多《おお》い場所《ばしょ》や日《ひ》かげでもいい実《み》をつけるがまん強《づよ》い木《き》でもある。

カキには甘《あま》ガキと渋《しぶ》ガキがある。甘《あま》ガキはじゅくすとしぶがぬけてあまくなるが、渋《しぶ》ガキは実《み》がとろとろにじゅくすまでしぶがぬけない。

じつは、カキはもともとみんな渋《しぶ》ガキだった。おいしい甘《あま》ガキは、しぶみの少《すく》ないあまい種類《しゅるい》をえらびながら、長年改良《ながねんかいりょう》されてつくられてきたものだ。

かきしぶの利用法《りようほう》

かきしぶは、青《あお》いカキをつぶして果汁《かじゅう》をしぼり、それを発酵《はっこう》させてつくる。水《みず》をはじき、ぬったものをくさりにくく、じょうぶにするため、かさや漁網《ぎょもう》などにぬられていた。

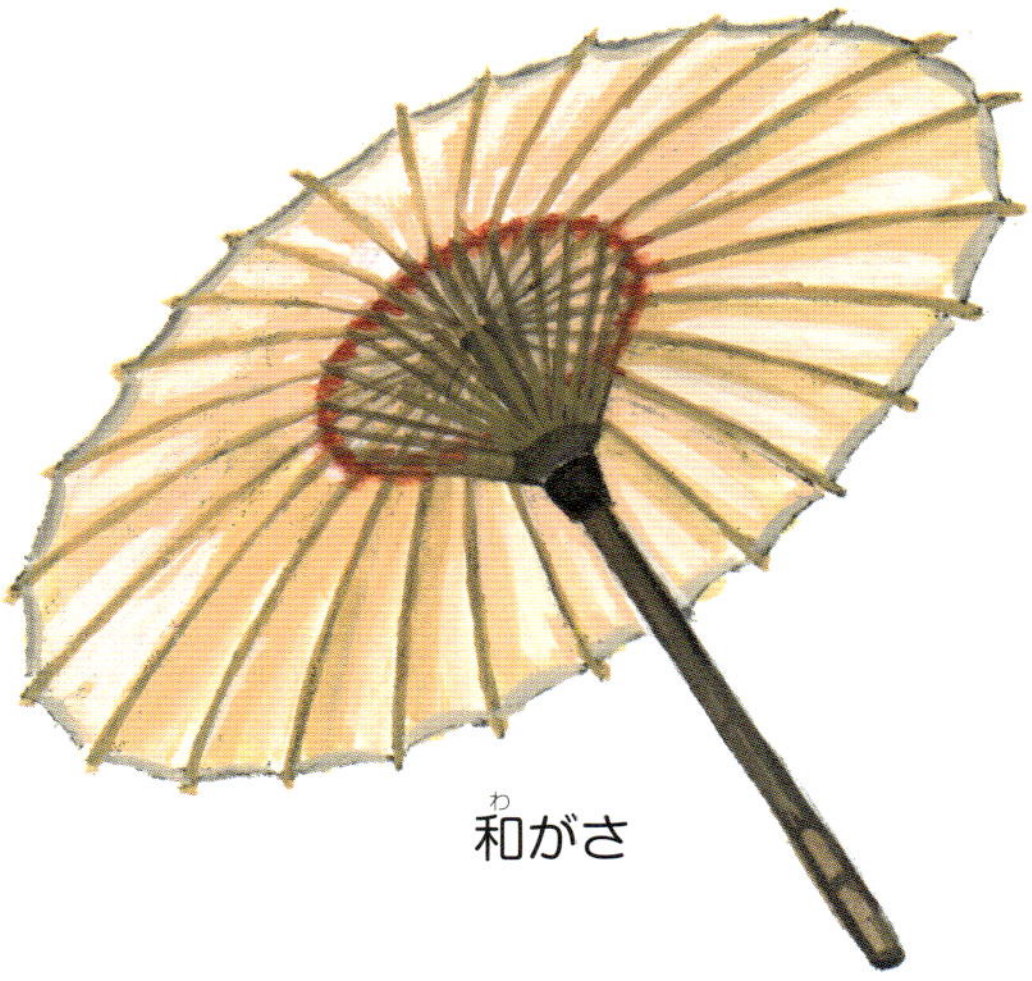

和《わ》がさ

カキの利用法《りようほう》

ほしがき

ひもに、皮《かわ》をむいたカキをたくさんむすんで、家《いえ》ののき下《した》などにつるしてほす。

してい（柿蒂《してい》）

カキのへたを乾燥《かんそう》させた漢方《かんぽう》の薬《くすり》。

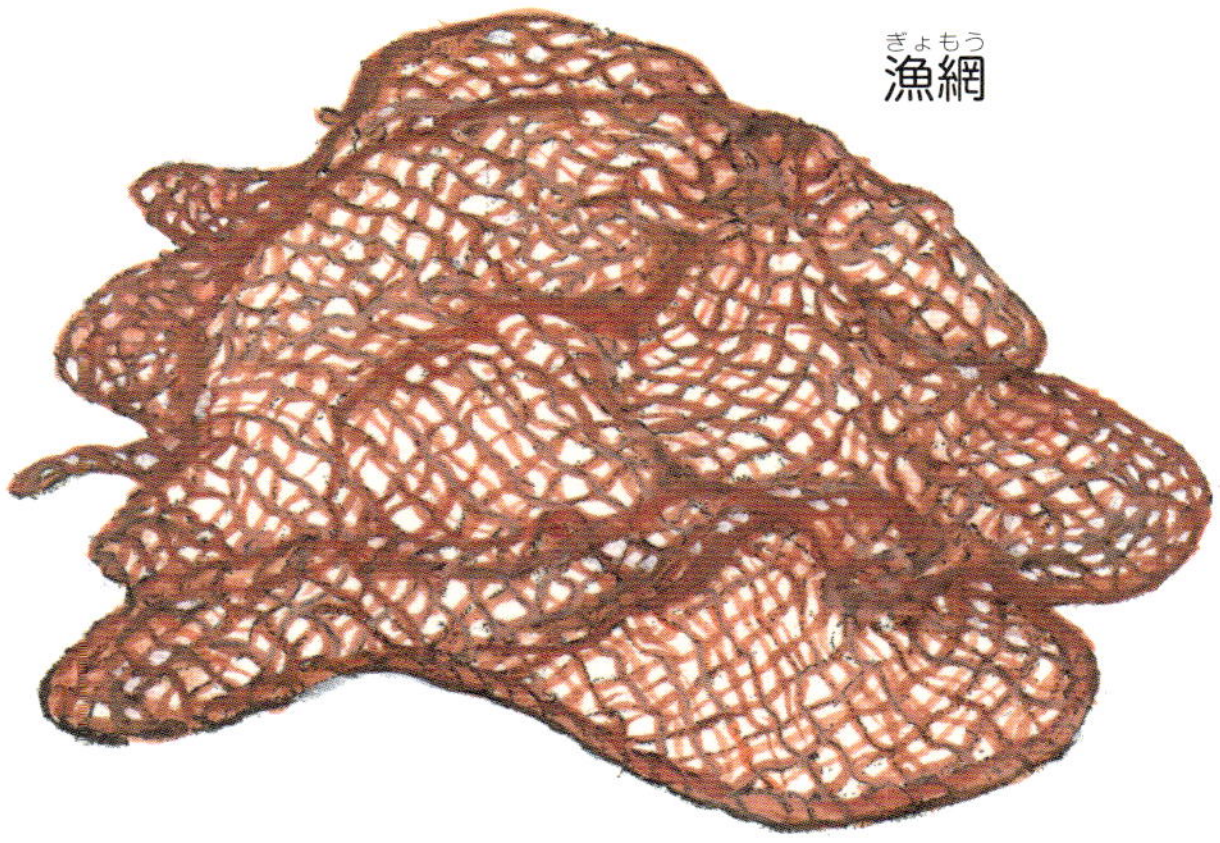

漁網《ぎょもう》

カキの葉ずし

サバ、サケの切《き》り身《み》をすしめしにのせ、カキの葉《は》につつんで、おしをかけたすし。

カキの利用《りよう》

渋《しぶ》ガキも、しぶをぬいたり、ほしがきにしたりするとおいしく食《た》べられる。

しぶをぬくには、へたに焼酎《しょうちゅう》などのアルコールをぬって数日《すうじつ》おく、こたつのなかや風呂《ふろ》ののこり湯《ゆ》にいれるなどの方法《ほうほう》がある。また、渋《しぶ》ガキの皮《かわ》をむいて風通《かぜとお》しのいい日《ひ》かげにほすと、ほしがきができる。これは貴重《きちょう》な保存食《ほぞんしょく》でもあった。むかしはお菓子《かし》などなかったから、カキは秋《あき》のごちそうだった。

カキのしぶには、水《みず》をはじいたり、ものをくさりにくくしたりする性質《せいしつ》がある。青《あお》いカキのしぼり汁《じる》からかきしぶをとり、和《わ》がさや漁網《ぎょもう》などにぬると、水《みず》をはじいてながもちする。葉《は》やへたを利用《りよう》して、お茶《ちゃ》や薬《くすり》もつくられている。

漁業《ぎょぎょう》　あみで魚《さかな》をとる

「海《うみ》にかこまれた日本《にほん》は、たくさんの海《うみ》のめぐみをうけているんだ」と、海水浴《かいすいよく》にきたチエちゃんにお父《とう》さんはいった。魚《さかな》をとるにはたくさんの道具《どうぐ》や技術《ぎじゅつ》があることや、海《うみ》の魚《さかな》をとるには、あみがいちばんよくつかわれていることを教《おし》えてくれた。

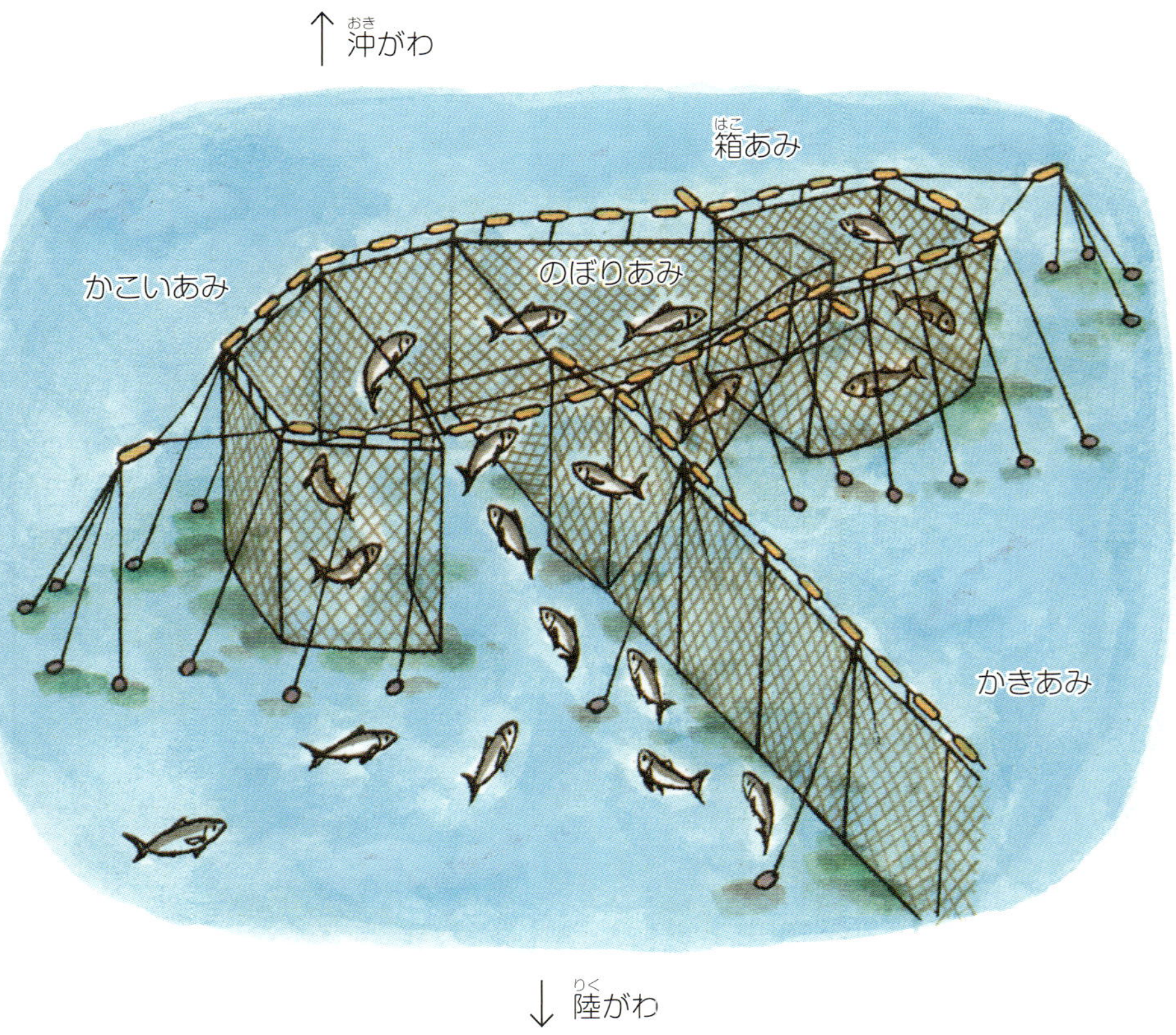

定置《ていち》あみのしくみ

のぼりあみは海中《かいちゅう》から海面《かいめん》にむかって坂《さか》のようになっているので、このあみをたどって箱《はこ》あみにはいった魚《さかな》は、もうにげることができない。あみの大《おお》きさにはいろいろあるが、かきあみは長《なが》さ300メートル、かこいあみから箱《はこ》あみまでのよこの長《なが》さは60メートルのものが多《おお》い。かこいあみのふかさは海《うみ》のふかさにあわせてつくる。

定置《ていち》あみ

魚《さかな》をとるあみには、たくさんの種類があるが、いちばん大きいものは定置《ていち》あみ。このあみは、かきねのようになったあみにぶつかった魚《さかな》の群《む》れが、あみにそっておよいでいくと、かこいあみのなかにはいってしまい、そのなかをおよいでいるうちに、のぼりあみ、さらに箱《はこ》あみにはいっていくしくみ。箱《はこ》あみにはいった魚《さかな》はにげることができない。漁師《りょうし》は、日《ひ》の出《で》のまえに港《みなと》をでて、30分《ぷん》くらいいった場所《ばしょ》にあみをしかける。箱《はこ》あみにはいった魚《さかな》は、べつのあみですくいとったり、多《おお》くの漁師《りょうし》が力《ちから》をあわせて船《ふね》のなかにひきあげたりして、船《ふね》につみこむ。ブリをとる定《てい》置《ち》あみは、11月《がつ》から6月《がつ》ごろまで海《うみ》にしかけておく。

さしあみ

あみの目《め》にからまった魚《さかな》やカニをとる。

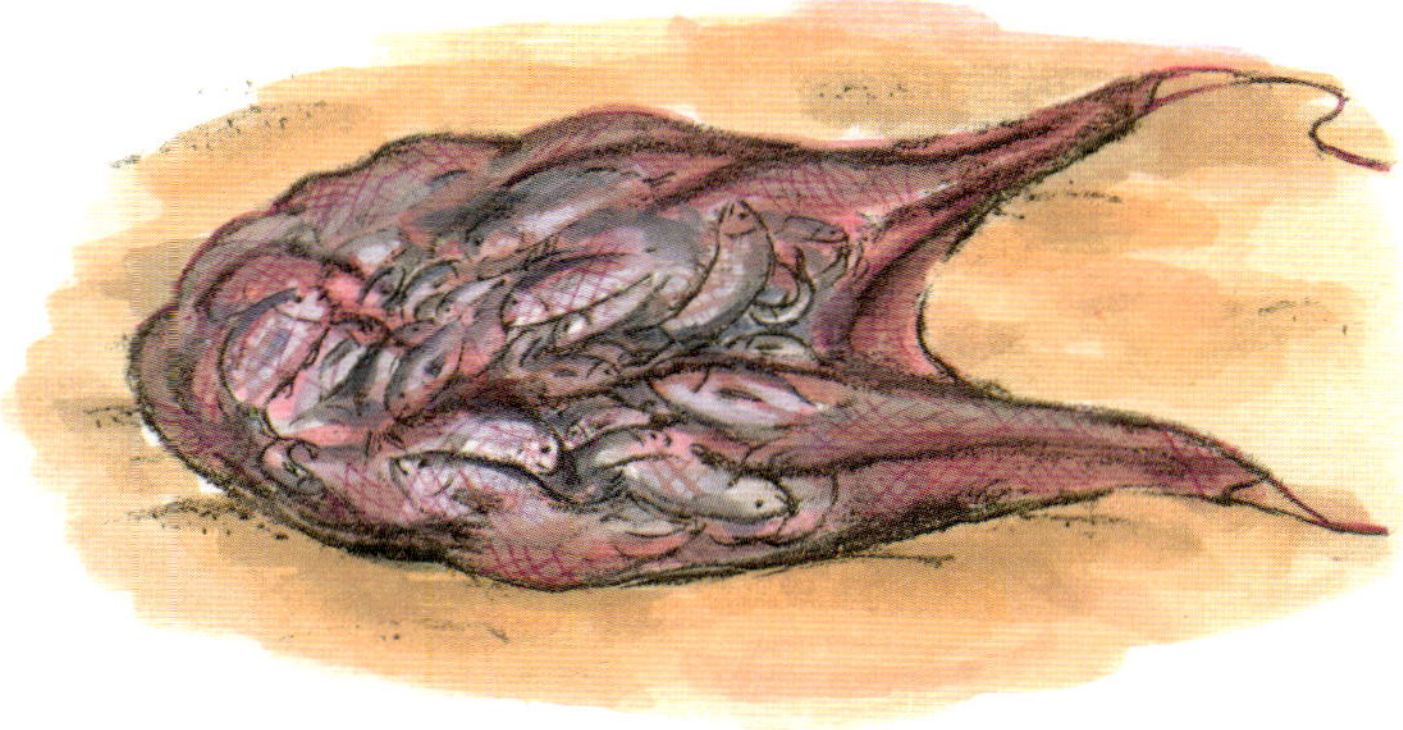

地《じ》びきあみ

海《うみ》の底《そこ》に大《おお》きな岩《いわ》がないところでつかうあみ。U《ユー》の字《じ》のかたちをしたあみの両《りょう》がわにむすんだつなを、浜《はま》でひっぱってあみをあげる。あみのなかには魚《さかな》がいっぱいだ。

さまざまなあみの漁《りょう》

あみで魚《さかな》をとる方法《ほうほう》はほかにもある。海《うみ》のなかによこに長《なが》くあみをはって、魚《さかな》があみの目《め》にひっかかったところを船《ふね》にひきあげる。これをさしあみ漁《りょう》という。しかけたあみを2そうの船《ふね》でひいて魚《さかな》をとるひきあみ漁《りょう》や、魚《さかな》の群《む》れを2そうの船《ふね》のあみでまきあげるまきあみ漁《りょう》などもある。

観光地《かんこうち》でやっている地《じ》びきあみ漁《りょう》もひきあみ漁《りょう》のひとつ。船《ふね》にあみをつんで海《うみ》にでて、U字形《ユーじがた》のあみを海《うみ》のなかにひろげる。あみのおくには袋《ふくろ》あみがついていて、あみの両《りょう》がわのロープを砂浜《すなはま》にいる人《ひと》たちがひっぱってイワシやサバをとる。大《おお》きなあみをつかう漁《りょう》は、みんなが呼吸《こきゅう》をあわせることがたいせつなんだ。

漁業《ぎょぎょう》　魚《さかな》を釣《つ》る

海水浴《かいすいよく》のよく日《じつ》、防波堤《ぼうはてい》で釣《つ》りをしていたお父《とう》さんは「2万《まん》3000年《ねん》まえからヒトは釣《つ》りをしているんだ。そのころは貝《かい》で釣《つ》り針《ばり》をつくったんだって」とチエちゃんにいった。そんな大《おお》むかしから!? チエちゃんは、とてもおどろいた。

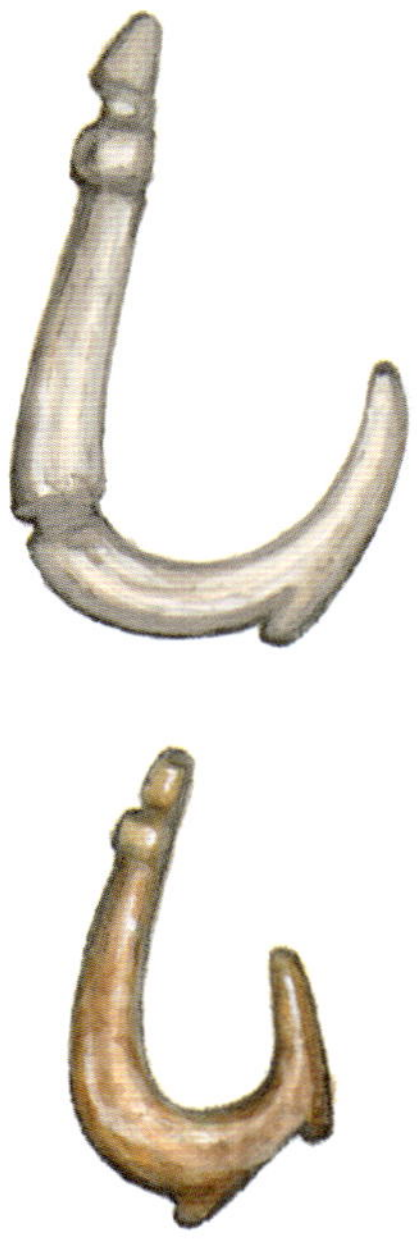

大《おお》むかしの釣《つ》り針《ばり》。貝《かい》や骨《ほね》をけずってつくっていた。はずれにくいように先《さき》に三角形《さんかくけい》のかえしがついている。

底釣《そこづ》り。マダイは海《うみ》の底《そこ》にいるので、糸《いと》の先端《せんたん》にオモリをつけ、その上《うえ》に釣《つ》り針《ばり》をむすんだ糸《いと》をつける。

一本釣《いっぽんづ》りと底釣《そこづ》り

海《うみ》には群《む》れをつくっておよぐ魚《さかな》と、群《む》れをつくらない魚《さかな》がいる。群《む》れをつくる魚《さかな》のなかでも、えさの小魚《こざかな》をおって海面近《かいめんちか》くをおよぐカツオは1匹《ぴき》ずつ釣《つ》っていく。これを一本釣《いっぽんづ》りという。カツオの群《む》れに生《い》きたイワシをまいて釣《つ》り糸《いと》をたれると、釣《つ》り針《ばり》もえさだと思《おも》ってくわえてしまう。こうして針《はり》にかかった魚《さかな》を釣《つ》りあげる。あみでとるより、カツオの身《み》にきずがつきにくい。

群《む》れをつくらず、海《うみ》のふかいところにすむマダイなどは糸《いと》の先《さき》に1本《ぽん》から数本《すうほん》の釣《つ》り針《ばり》をつける底釣《そこづ》りという方法《ほうほう》でとる。干潟《ひがた》にいる虫《むし》やエビ、カニなどをえさにして針《はり》につけ、海《うみ》の底《そこ》までとどくよう糸《いと》のはしにオモリをつける。

マグロのはえなわ釣《づ》り。長《なが》いなわを幹《みき》なわとよび、枝《えだ》のようについた短《みじか》いなわを枝《えだ》なわという。

遠洋漁業《えんようぎょぎょう》の漁船《ぎょせん》

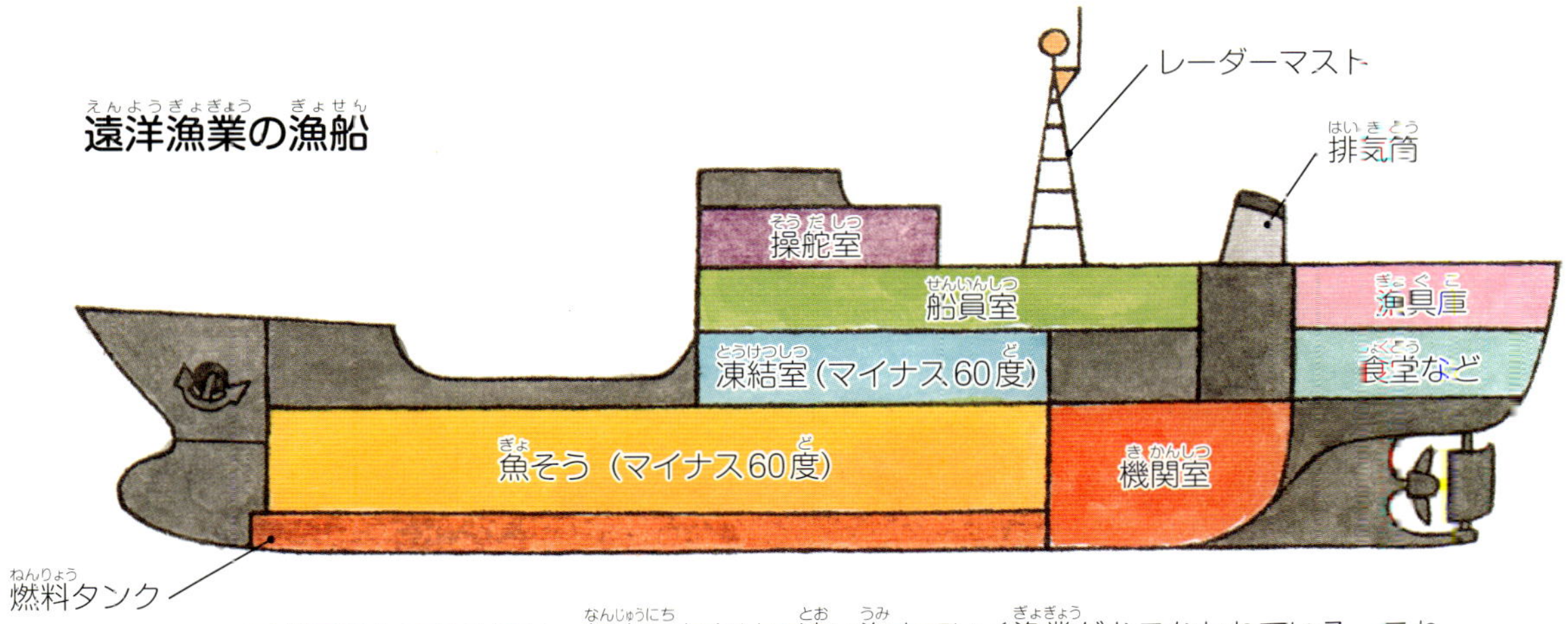

マグロをとるためには、何十日《なんじゅうにち》もかけて遠《とお》い海《うみ》までいく漁業《ぎょぎょう》がおこなわれている。これを遠洋漁業《えんようぎょぎょう》という。とれたマグロは内臓《ないぞう》をとって船《ふね》のなかで冷凍保存《れいとうほぞん》しておく。

はえなわ漁《りょう》

マグロやタラは、はえなわという道具《どうぐ》で釣《つ》りあげる。はえなわとは1本《ぽん》の長《なが》いなわにたくさんのなわを枝《えだ》のようにつけ、それぞれの先《さき》に釣《つ》り針《ばり》をつけたもの。マグロ漁《りょう》では150キロメートルもの長《なが》いなわに、3000本《ぼん》ものなわをむすんだはえなわをつかうこともある。こんなにたくさんのなわについた針《はり》に、イワシやムロアジ、イカなどのえさをつけて、海《うみ》にしかけるには4～5時間《じかん》、海《うみ》からひきあげるのに10時間《じかん》以上《いじょう》もかかるそうだ。魚《さかな》がかかるまで長時間《ちょうじかん》まつのでたいへんだ。

海《うみ》で魚《さかな》を釣《つ》る方法《ほうほう》にはこのほかにもいろんな方法《ほうほう》がある。たくさん魚《さかな》がとれるようにさまざまな工《く》夫《ふう》がされてきたんだ。

海《うみ》にもぐって貝《かい》をとる

魚《さかな》のほかに貝《かい》や海《かい》そうも海《うみ》からのめぐみだ。貝《かい》や海《かい》そうをとるために、人間《にんげん》は大《おお》むかしから海《うみ》にもぐって、自分《じぶん》の手《て》でとってきた。こうして貝《かい》や海《かい》そうをとる人《ひと》を「アマ」といい、女《おんな》の人《ひと》は「海女《あま》」、男《おとこ》の人《ひと》は「海士《あま》」と書《か》く。

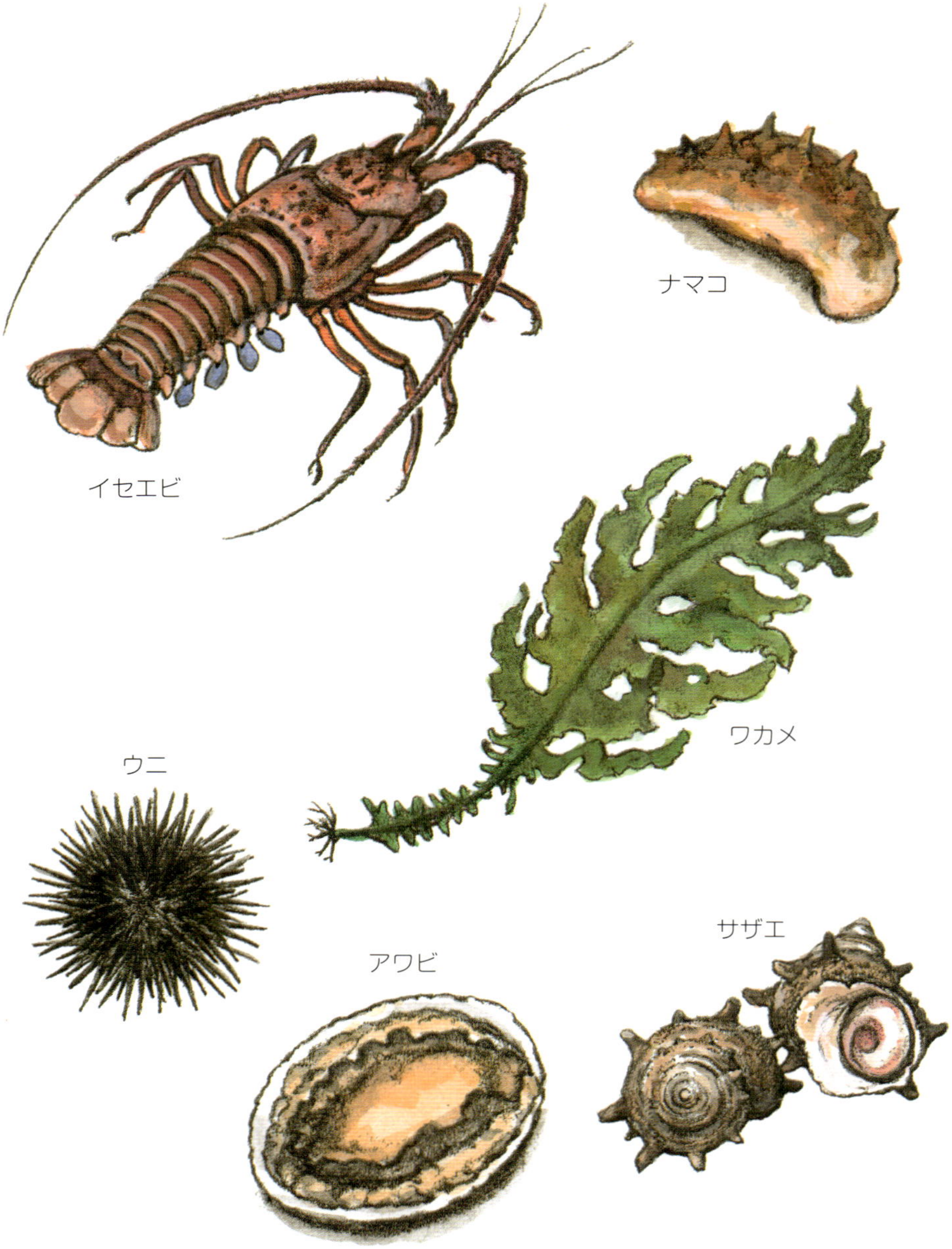

いまではあまりとれない高級品《こうきゅうひん》ばかりだ。

アマの季節《きせつ》

アマは秋《あき》から春《はる》にかけてはイセエビやナマコ、ワカメなどをとり、春《はる》から夏《なつ》にかけてはアワビやサザエ、ウニ、テングサなどをとる。

水《みず》がつめたい季節《きせつ》は長《なが》く海《うみ》にもぐることができないので、1日《にち》に午前《ごぜん》1回《かい》、午後《ごご》1回《かい》、それぞれ1時間《じかん》ずつもぐる。水《みず》があたたかくなると1回《かい》に1時間半《じかんはん》から2時間《じかん》くらいもぐり、仕事《しごと》をつづける。

海《うみ》のなかでは呼吸《こきゅう》ができないので、いつもきけんととなりあわせだ。大《おお》きく息《いき》をすってもぐっていられるのは、1回《かい》に40~50秒《びょう》くらい。1時間《じかん》のうちに20~30回《かい》もぐって貝《かい》や海《かい》そうをとる。

海辺《うみべ》には休息《きゅうそく》をとるための小屋《こや》があり、火《ひ》をたいて体《からだ》をあたためる。

アマの道具《どうぐ》

おけ

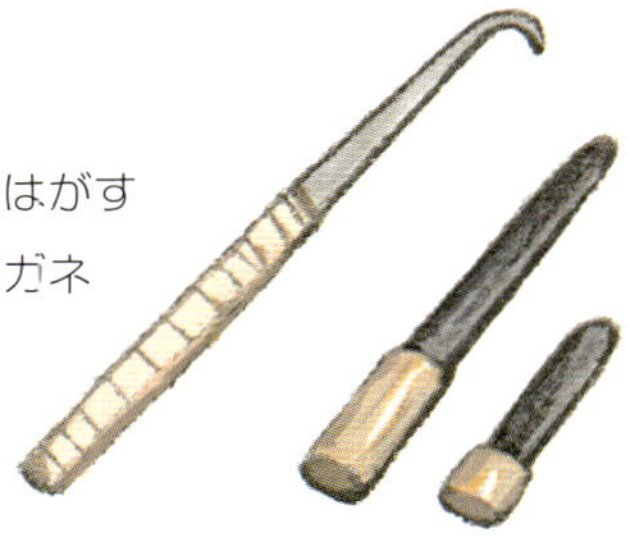

貝《かい》をはがすイソガネ

磯《いそ》メガネ

フンドウ(石《いし》のオモリ)

星《ほし》と格子《こうし》のマークは、フンドウやてぬぐいにつける魔《ま》よけ。
海《うみ》のなかでは、トモカズキという自分《じぶん》にそっくりな海《うみ》の魔《ま》ものに
あうことがあり、魔《ま》ものから身《み》をまもるためのもの。

むかしアマは白《しろ》い磯着《ふこぎ》(左《ひだ》)でもぐった。
いまはウェットスーツ(右《みぎ》)が多《おお》い。

アマはふつうはふかさ10メートルくらい、じょうずな人《ひと》は
25～35メートルもぐるため、石《いし》のオモリを利用《りよう》する。

アマ漁《りょう》の方法《ほうほう》

ベテランのアマは、どの岩場《いっぱ》にどんな貝《かい》がすんでいるかよく知《し》っている。沖《おき》のほうに漁場《ぎょば》がある場合《あい》はそこまで船《ふね》でいき、ついたら船《ふね》をとめてそこからもぐる。よりふかいところまでいっきにもぐるため、石《いし》などのオモリをひもで体《からだ》にむすびつけることもある。漁場《ぎょじょう》には、とれた貝《かい》をいれるためのおけをもっておよいでいくこともある。

アワビは海底《かいてい》の岩《いわ》にピッタリとはりついているので、手《て》ではとてもはがせない。イソガネという道具《どうぐ》をつかって、アワビの身《み》をきずつけないように岩《いわ》からはがす。磯《いそ》メガネといわれる水中《すいちゅう》めがねもアマにはかかせない。これがないと、海水《かいすい》で目《め》がきずつくからだ。

海《かい》そうをとる

チエちゃんは、海水浴《かいすいよく》のおみやげにトコロテンを買《か》った。トコロテンは、海《かい》そうからできているそうだ。ワカメやコンブなどの海《かい》そうは、草《くさ》のように海底《かいてい》に根《ね》をはったり、コケのように海辺《うみべ》の岩《いわ》にはりついてひろがったり、海《うみ》に生《い》きる植物《しょくぶつ》なのだ。

コンブ漁《りょう》
コンブの長《なが》さは3、4メートルから20メートルくらいあるので、まきあげるときはとても重《おも》い。箱《はこ》めがねは口《くち》でくわえる。

コンブ
コケやキノコとおなじように胞子《ほうし》とよばれる細胞《さいぼう》がひろがることで、ふえていく。

コンブ漁《りょう》

コンブは、北海道《ほっかいどう》でよくとれる海《かい》そうで、昆布《こんぶ》まきなどにするほか、おいしいだしをとるためのたいせつな食材《しょくざい》だ。

北海道《ほっかいどう》のコンブ漁《りょう》は、コンブが大《おお》きく成長《せいちょう》した7月《がつ》から9月《がつ》におこなう。波《なみ》が少《すく》ない日《ひ》に小船《こぶね》をだして箱《はこ》めがねで海《うみ》のなかをのぞき、先《さき》がふたまたになったさおで海底《かいてい》のコンブをまきとる。

船《ふね》いっぱいにとったコンブは、浜《はま》にあげて小石《こいし》の上《うえ》にひろげ、太《たい》陽《よう》の光《ひかり》でしっかりほす。かわきすぎるとおれやすくなり、雨《あめ》にあたると商品《しょうひん》にならないので、コンブの乾燥《かんそう》には注意《ちゅうい》が必要《ひつよう》だ。乾燥《かんそう》させたコンブは、長《なが》さをそろえて切《き》って出荷《しゅっか》する。

ほしたテングサ

テングサ

トコロテン

あんみつにはいった寒天《かんてん》。寒天《かんてん》は、冬《ふゆ》の夜《よる》にすてたトコロテンがこおり、昼《ひる》にとけてかたまったことから、つくられるようになった。

テングサをほしているところ。よくほすと黄色《きいろ》くなる(上《うえ》)が、とったばかりでは赤《あか》い(下《した》)。

テングサ

テングサは、コロテンや寒天《かんてん》の材料になる海そうだ。4月ごろから、アマが海《うみ》にもぐってとる。浜《はま》から近《ちか》い海《うみ》の3~8メートルくらいのふかさのところでテングサをかりとる。テングサが大《おお》きくなるまでには1年《ねん》ほどかかるので、来《らい》年《ねん》もそこから芽《め》がでるように、根《ね》をのこしておく。

もぐってとったテングサは、海《かい》岸《がん》にひろげてほす。1時《じ》間《かん》半《はん》ほどほしたらうらがえし、さらに1時《じ》間《かん》半《はん》ほどほすと、赤《あか》いテングサは黄色《きいろ》にかわる。トコロテンはテングサをお湯《ゆ》でにてからこした汁《しる》が原料《げんりょう》となる。

トコロテンをこおらせてから、とかして乾燥《かんそう》させたものが寒天《かんてん》だ。水《みず》ようかんなどにつかわれる。

魚《さかな》や貝《かい》の養殖《ようしょく》

チエちゃんはマグロのおすしが大《だい》すき。マグロはちかごろあまり海《うみ》でとれなくなってしまったけれど、でもだいじょうぶ。牧場《ぼくじょう》でそだてたウシやブタを食《た》べるように、マグロも海《うみ》でそだてられるようになった。海《うみ》で魚《さかな》や貝《かい》、海《かい》そうをそだてることを養殖《ようしょく》という。

イケス。ハマチを養殖《ようしょく》するイケスのあみは、1辺《へん》25～30メートル、ふかさ20メートルもある。

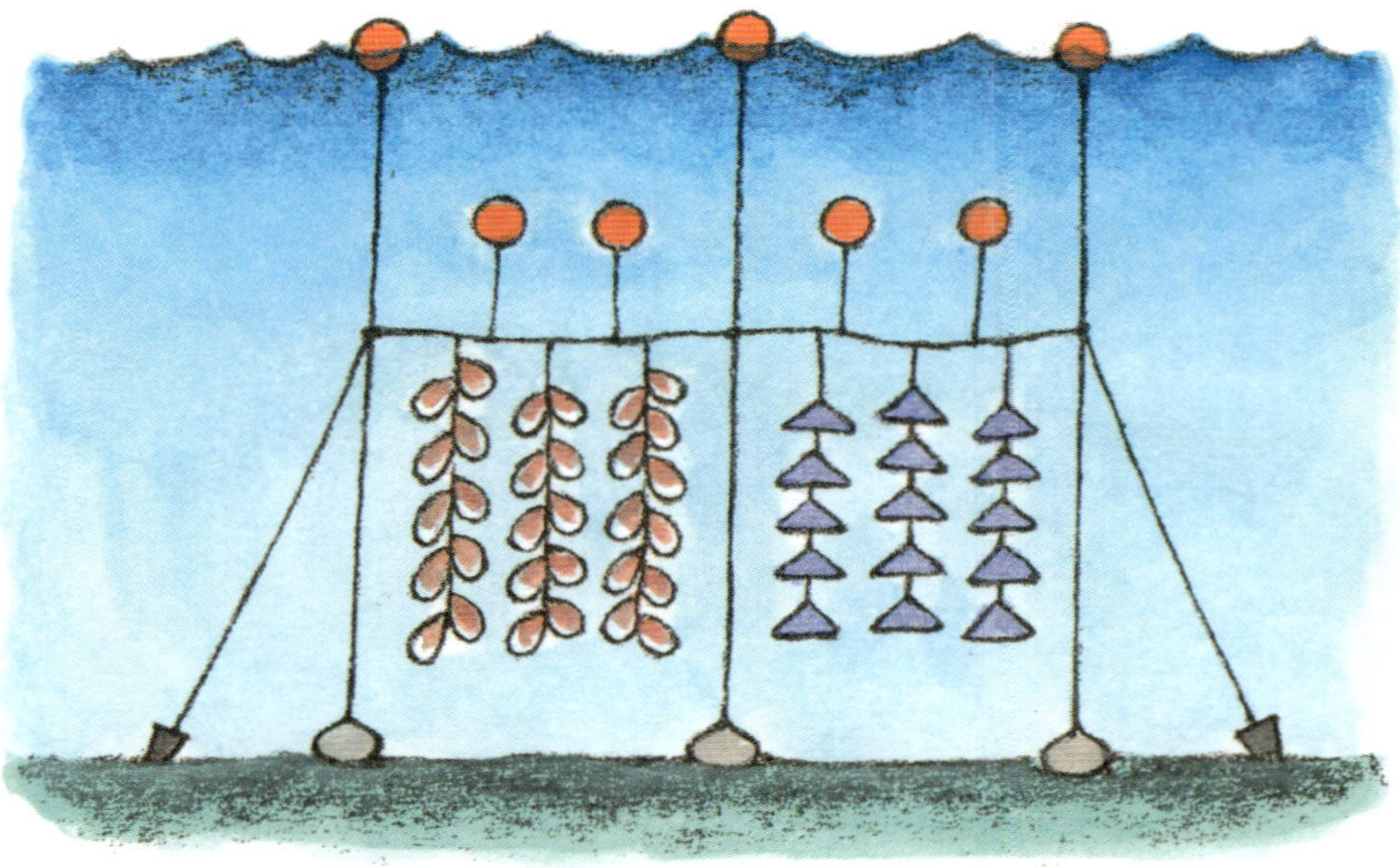

ホタテの養殖方法《ようしょくほうほう》。たらしたなわにかごなどの容器《ようき》をつけ、ホタテをいれてそだてることもある。

海《うみ》の牧場《ぼくじょう》

養殖《ようしょく》がさかんな魚《さかな》はハマチ、マダイ、フグなど。貝《かい》ではカキやホタテ。ノリなどの海《かい》そうやクルマエビもたくさん養殖《ようしょく》されている。

ハマチの養殖《ようしょく》を見《み》てみよう。4月《がつ》ごろ、海《うみ》にながれている藻《も》にくっついてくるモジャコとよばれるハマチの赤《あか》ちゃんをつかまえる。これを海《うみ》につくったあみのかこい（イケス）にいれる。魚《さかな》は活発《かっぱつ》におよぎまわるので、たくさんえさをあげる。だいたい2年半《ねんはん》で食《た》べられる大《おお》きさになる。

貝《かい》はうごかないので、かこいをつかわずに、海《うみ》にうかべたうきだまから貝《かい》の赤《あか》ちゃんをつけたなわをたらしてそだてる。貝《かい》は海《うみ》のなかにいる小《ちい》さな生《い》きもの（プランクトン）をえさにする。

ノリの赤《あか》ちゃんをつけたあみを海《うみ》にはる。

四角《しかく》にすいたノリをほす。かわくとちゅう、ノリはパリパリという音《おと》をたてる。

板《いた》ノリはたて21センチ、よこ19センチが基本《きほん》。

ノリの養殖《ようしょく》

ノリは古《ふる》くから食《た》べられていたが、おむすびやおもちにまく板ノリは、江戸時代に紙をすく方法をヒントにつくられ、ノリが養殖《ようしょく》されるようになった。

ノリの養殖《ようしょく》は、ノリのもと（胞《ほう》子《し》）をそだててあみにつけ、このあみを海《うみ》にはって成長《せいちょう》させる。12月末《がつまつ》ごろのつみとり作業《さぎょう》は、つめたい海《うみ》のなか。ゴム手袋《てぶくろ》をしていなければ、手《て》がかじかんでしまう。とったノリはすぐにきれいにあらってきざんで、箱《はこ》ですくう。そのあと、海苔簀《のりす》というスダレの上《うえ》においた木《き》わくのなかにながしこむ。木《き》わくをはずして、四角《しかく》くのこったノリを太陽《たいよう》の光《ひかり》で乾燥《かんそう》させる。これがおむすびやのりまきにつかわれる板《いた》ノリになる。

林業《りんぎょう》　木《き》をそだてる

「あの山《やま》の木《き》はぼくのおじいさんが植《う》えたんだ」教室《きょうしつ》から見《み》える山《やま》を指《ゆび》さして、同級生《どうきゅうせい》のシゲルくんがいった。シゲルくんのおじいさんは、家《いえ》や家具《かぐ》の材料《ざいりょう》になる木《き》をそだてる「林業《りんぎょう》」が仕事《しごと》だ。みんなで話《はなし》をききにいった。

地《じ》ごしらえ

じゃまな木《き》や草《くさ》を切《き》る。

切《き》った木《き》や草《くさ》をまとめてかたづける。

ヒノキの実《み》とタネ

タネは苗畑《なえはた》に植《う》えて、1～3年間《ねんかん》そだてる。

植《う》えつけ

30～50センチにそだった苗《なえ》を山《やま》へ植《う》えつける。

木《き》をそだてる

シゲルくんのおじいさんは、スギやヒノキの苗木《なえぎ》を山《やま》に植《う》えて、何十年《なんじゅうねん》もかけて大《おお》きな木《き》にそだてている。おじいさんは、山《やま》での仕事《しごと》をこんなふうに話《はな》してくれた。

まず木《き》を植《う》えるのにじゃまになる枝《えだ》や根《ね》をかたづけ、山《やま》の地面《じめん》をととのえる「地《じ》ごしらえ」をする。春《はる》、苗畑《なえはた》でそだてた苗木《なえぎ》を1本《ぽん》ずつ山《やま》へ植《う》える。苗木《なえぎ》は、とうぐわであなをほり、根《ね》を頂上《ちょうじょう》にむけて植《う》える。密集《みっしゅう》させるとはやくまっすぐのびるので、1ヘクタールに3000本《ぼん》もの苗木《なえぎ》を植《う》える。

スギは水《みず》をたっぷりふくんだ谷《たに》に、ヒノキは尾根《おね》や岩《いわ》が多《おお》いかわいたところに植《う》えるという。木《き》にあった場所《ばしょ》をえらんで植《う》えることがたいせつなのだそうだ。

のこぎり
安全帯《あんぜんたい》
木《き》に体《からだ》を固定《こてい》する。
はしご

枝《えだ》うち

ふしをつくらないために枝《えだ》を落《お》とす。

したがり

苗木《なえぎ》のまわりの雑草《ざっそう》をかり、苗木《なえぎ》に日光《にっこう》や養分《ようぶん》がいきわたるようにする。

したがりかま
苗木《なえぎ》

林業《りんぎょう》は気《き》の長《なが》い仕事《しごと》

毎年夏《まいとしなつ》に1、2度《ど》、苗木《なえぎ》のまわりの雑草《ざっそう》をかる。苗木《なえぎ》が小《ちい》さいうちは雑草《ざっそう》に負《ま》けてしまうからだ。これを「したがり」という。

3年目《ねんめ》くらいからは、毎年秋《まいとしあき》によぶんな枝《えだ》を切《き》り落《お》とす「枝《えだ》うち」をする。木《き》がまだわかいうちに枝《えだ》を落《お》としておけば、木《き》にふしができず、きれいな材木《ざいもく》になる。

20年《ねん》ほどすると、山《やま》のなかにたくさんの大《おお》きな木《き》がはえた状態《じょうたい》になるので、いい木《き》だけをのこして、まわりの木《き》を伐《き》ってしまう。これを「間伐《かんばつ》」という。

スギは35年《ねん》、ヒノキは45年《ねん》くらいこのような作業《さぎょう》をつづけ、やっと材木《ざいもく》として売《う》れるようになる。

おじいさんは、林業《りんぎょう》は気《き》の長《なが》い仕事《しごと》なんだとわらった。

林業《りんぎょう》　木《き》を伐《き》ってはこぶ

「木《き》は伐《き》るんじゃなくて、たおすんだ」何十年もかけてそだてた木《き》を、伐《き》って山《やま》からはこびだす。これが林業《りんぎょう》の最後《さいご》の大仕事《おおしごと》。長年《ながねん》の経験《けいけん》が必要《ひつよう》だ。シゲルくんのおじいさんにむかしのようすも教《おそ》わった。

木《き》の伐《き》りたおしかた

たおす方向《ほうこう》
うけ口《ぐち》
たおす方向《ほうこう》におのやのこぎりで切《き》りこみをいれる。
おい口《ぐち》
うけ口《ぐち》の反対《はんたい》がわをのこぎりでひく。
木《き》のたおれる方向《ほうこう》
うけ口《ぐち》がつぶれる。
おい口《ぐち》がひらく。

木《き》を伐《き》る

木《き》を伐《き》るまえに、木《き》をたおす場《ば》所《しょ》をつくるため、まわりのじゃまな木《き》を伐《き》っておく。木《き》をたおしたい方向《ほうこう》の幹《みき》に、おので切《き》りこみをいれ、うけ口《ぐち》をつくったあと、反《はん》対《たい》がわのおい口《くち》からのこぎりをひく。全部《ぜんぶ》は切《き》ってしまわずに中心《ちゅうしん》部《ぶ》をのこして、最後《さいご》に方向《ほうこう》を調節《ちょうせつ》しながら木《き》をたおす。現在《げんざい》はのこぎりのかわりにチェーンソーをつかうので、作業《さぎょう》がはやくらくにできるようになったそうだ。

一歩《いっぽ》まちがえれば、たおれてきた木《き》でおおけがをしたり、ほかの木《き》をきずつけたりするきけんもある。木《き》の太《ふと》さや幹《みき》のかたち、はえている場所《ばしょ》にあわせて、切《き》る角度《かくど》を調整《ちょうせい》し、正確《せいかく》な方向《ほうこう》に安全《あんぜん》にたおすことがもっともたいせつだ。

イカダながし

さおでイカダの
かじをとる。
材木《ざいもく》を組《く》んで
イカダにする。

山《やま》から落《お》とした木《き》を組《く》んでイカダにし、川《かわ》にながして材木《ざいもく》を売《う》る場所《ばしょ》まではこんだ。

キンマひき

キンマ道《みち》
材木《ざいもく》
キンマ
（ソリ）

木《き》をたばねて、キンマ（ソリ）でひいて山《やま》からおろす。命《いのち》がけの仕事《しごと》だった。

架線集材《かせんしゅうざい》

材木《ざいもく》

いまは、山《やま》からワイヤーロープをひいて、木《き》をつるしてはこぶ。ロープウェーのようだ。

山《やま》から木《き》をはこびだす方法《ほうほう》

いまでは、山《やま》のなかにワイヤーロープをはって材木《ざいもく》をつりあげ、道路《どうろ》のあるところまではこびだし、トラックではこぶ。おじいさんがこどものころは、伐《き》った木《き》をソリにのせて人《ひと》がひいたり、山《やま》の斜面《しゃめん》をすべらせて落《お》としたりしたそうだ。それから、木《き》をイカダに組《く》んで、川《かわ》へながしてはこんだ。

木《き》はとても大《おお》きくて重《おも》いので、伐《き》りたおしたり、はこびだしたりする仕事《しごと》は、とてもきけんだ。だからむかしは、数人《すうにん》で組《くみ》になり、親方《おやかた》とよばれる経験《けいけん》ゆたかなリーダーがとりまとめて仕事《しごと》をした。

「力《ちから》もちじゃなきゃできないし、こまやかな心《こころ》くばりや計算《けいさん》も必要《ひつよう》だ」

と、おじいさんはむねをはった。

けものをとる

弓矢《ゆみや》や鉄砲《てっぽう》、わななどの道具《どうぐ》をつかって野生《やせい》の鳥《とり》や動物《どうぶつ》をとることを「狩《か》り」という。古《ふる》くから、狩《か》りは農業《のうぎょう》のあいまなどにおこなわれていたが、なかには狩《か》りを専門《せんもん》にする人《ひと》たちもいた。

マタギ装束《しょうぞく》（服装《ふくそう》）

アマブタ（笠《かさ》）
猟銃《りょうじゅう》
タテ（クマヤリ）
テッキャシ
カモシカの毛皮《けがわ》でつくった手袋《てぶくろ》。
キカワ
カモシカなどの1枚皮《まいがわ》。防《ぼう》寒用《かんよう》。
カッポー
マタギベラ
イタヤカエデの木《き》でつくった大《おお》きなへら。雪《ゆき》をかきわけたり、カモシカをなぐってとったりすることもあった。
弾帯《たまおび》
ハバキ（すねあて）
ハカマ
麻《あさ》でできている。
ケタビ
カモシカの毛皮《けがわ》でつくる。

マタギのくらし

東北地方《とうほくちほう》には、狩《か》り（狩猟《しゅりょう》）をおもな仕事《しごと》とする「マタギ」とよばれる人《ひと》たちがいる。マタギは、スカリ（シカリ）とよばれるリーダーのもとで何人《なんにん》かで組《くみ》をつくり、ときには長《なが》いきょりを移動《いどう》して狩《か》りをした。むかしは山《やま》のなかで野《の》宿《じゅく》をすることもあって、クマやカモシカ、サルなどの大《おお》きいけものを協力《きょうりょく》してとったが、いまはカモシカやサルをとることが禁止《きんし》され、おもなえものはクマだ。

狩《か》りをしない夏《なつ》のあいだは、マタギは山仕事《やましごと》や田畑《たはた》の仕事《しごと》をして生計《せいけい》をたてていた。

いまは会社《かいしゃ》や工場《こうじょう》などがふえたため、1年《ねん》を通《とお》してできる仕事《しごと》につく人《ひと》が多《おお》くなり、マタギのような狩人《かりゅうど》は少《すく》なくなった。

あな熊《ぐま》

冬《ふゆ》ごもりのあなにいるクマを狩《か》る。

まき狩《が》り
ブッパ（鉄砲《てっぽう》うち）
ムカイマッテ
（見《み》はり役《やく》、
合図《あいず》役《やく》）
セコ
（えもののおいだし役《やく》）

狩人《かりゅうど》たちが協力《きょうりょく》し、クマを山《やま》へおいあげて狩《か》る。

狩《か》りのいろいろ

クマ狩《か》りには、わなをしかけるほか、冬《ふゆ》ごもりのあなにいるクマを見《み》つけ、あなからおいだしてやりや鉄砲《てっぽう》でとらえる「あな熊《ぐま》」という方法《ほうほう》や、セコというおいだし役《やく》がクマをおいあげ、ブッパとよばれる鉄砲《てっぽう》うちのいる場所《ばしょ》までおいたててしとめる「まき狩《が》り」などの方法《ほうほう》があった。

クマを解体《かいたい》するときには、山《やま》の神《かみ》に感謝《かんしゃ》をささげる「毛《け》まつり」がおこなわれた。クマは肉《にく》も食《た》べられるが、とくに毛皮《けがわ》と胆《たん》のうにたいへんなねうちがあった。毛皮《けがわ》はしき皮《がわ》として、胆《たん》のうは「熊《くま》の肝《い》」といって胃腸《いちょう》の病気《びょうき》にきく薬《くすり》として、どちらも高《たか》いねだんでとりひきされた。これらを売《う》ったお金《かね》は、みんなで平等《びょうどう》にわけた。

炭《すみ》やき

電気《でんき》や石油《せきゆ》、ガスがなかったころ、炭《すみ》やまきはだいじな燃料《ねんりょう》だった。たくさんの人《ひと》が山《やま》で炭《すみ》をやいていた時代《じだい》もあった。そのため日本《にほん》の炭《すみ》やきの技術《ぎじゅつ》は、世界《せかい》でも高《たか》いレベルといわれている。

木《き》を伐《き》る。
切《き》りかぶ
萌芽《ほうが》
春《はる》になると、切《き》りかぶからたくさんの芽《め》がでる。
数年後《すうねんご》、2～3本《ぼん》をのこして伐《き》る。まわりのいらない木《き》や草《くさ》をかり、落《お》ち葉《ば》をはいてていれする。
15～20年後《ねんご》、木《き》を伐《き》って、炭《すみ》をやく。

炭《すみ》の種類《しゅるい》とそのつくりかた

炭《すみ》には、材料《ざいりょう》やつくりかたによっていろいろな種類《しゅるい》がある。

炭《すみ》の材料《ざいりょう》となる木《き》は、コナラなどのドングリがなる木《き》のなかまが多《おお》い。ほかにもタケからつくる竹《ちく》炭《たん》や、おがくずをかためて炭《すみ》にやいたオガ炭《たん》などがある。

また、つくりかたのちがいで、黒炭《くろずみ》と白炭《しろずみ》とがある。黒炭《くろずみ》は低温《ていおん》でやいた炭《すみ》で、やわらかく火《ひ》つきがいい。白炭《しろずみ》は高温《こうおん》でやいた炭《すみ》で、かたくて火《ひ》つきはよくないが火《ひ》もちがいい。有名《ゆうめい》な備長炭《びんちょうたん》は白炭《しろずみ》だ。

コナラやクヌギのなかまは、切《き》りかぶからまた芽《め》がでて生長《せいちょう》する。その芽《め》をだいじにそだてると、また炭《すみ》にできる太《ふと》さになる。こうして、里山《さとやま》の雑木林《ぞうきばやし》は、たいせつに管理《かんり》され、利用《りよう》されてきた。

雨《あめ》よけのやね
炭《すみ》がま
かま土《つち》と石《いし》で
つくる。
原木《げんぼく》
炭《すみ》にやく木《き》。

炭《すみ》がまに伐《き》った木《き》をつめて、むしやきにする。温度計《おんどけい》がなかったむかしは、煙《けむり》の色《いろ》やにおいをみて、火《ひ》かげんを調節《ちょうせつ》した。

炭《すみ》だわら（角《かく》だわら）

できあがった炭《すみ》を炭《すみ》だわらにいれて山《やま》からおろし、町《まち》で売《う》る。炭《すみ》だわらをあむのは、おもに女《おんな》たちの仕事《しごと》だった。

炭《すみ》やきの手順《てじゅん》

炭《すみ》やきはとても重労働《じゅうろうどう》だ。炭《すみ》をやくにはまず、炭《すみ》がまをつくる。山《やま》の斜面《しゃめん》にあなをほり、かま土《つち》でかためながら石《いし》をつんで外壁《がいへき》をつくる。たき口《ぐち》と反対《はんたい》がわに煙突《えんとつ》をつけ、煙《けむり》の通《とお》り道《みち》をととのえる。石《いし》や土《つち》などでてんじょうをきずき、雨《あめ》にぬれないようやねをかける。

農業《のうぎょう》がいそがしくなくなる冬《ふゆ》に炭《すみ》をやく人《ひと》が多《おお》かった。毎日《まいにち》のように山《やま》へはいって木《き》を伐《き》り、炭《すみ》がまへはこび、かまへつめて火《ひ》をつける。いい炭《すみ》をやくためには空気《くうき》の量《りょう》や火《ひ》をうまく調節《ちょうせつ》しなければならず、経験《けいけん》と技術《ぎじゅつ》が必要《ひつよう》だった。

できた炭《すみ》はたわらへつめると15キログラムほどにもなる。これをひとりで4～5ひょうもせおって、山道《やまみち》をはこんだ。

山《やま》のめぐみ

春《はる》には山菜《さんさい》、秋《あき》には木《こ》の実《み》やキノコ、そして鳥《とり》やけものたち。山《やま》は、動植物《どうしょくぶつ》の宝庫《ほうこ》だ。なかでも、わたしたちの身近《みぢか》にある雑木林《ぞうきばやし》は、生活《せいかつ》にかかせない燃料《ねんりょう》や肥料《ひりょう》をうみだすたいせつな財産《ざいさん》でもあった。

春《はる》の山菜《さんさい》
フキノトウ
フキ
ワラビ
コゴミ
タラノメ
キノコ
ドングリ
クリ
トチ
クルミ
木《こ》の実《み》

山《やま》のごちそう

日本人《にほんじん》にとって、木《こ》の実《み》や山菜《さんさい》、キノコなどはたいへん古《ふる》い時代《じだい》から食《た》べものとなっていた。

クリやクルミなどのほか、ドングリやトチなどはアクをぬいて食《た》べた。

食《た》べものの少《すく》ない冬《ふゆ》をこして春《はる》先《さき》に芽《め》ぶく山菜《さんさい》は、春《はる》のごちそうだ。タラノメやフキノトウ、ゼンマイ、コゴミ、ワラビなどはよく知《し》られているけれど、多《おお》いところではひとつの地区《ちく》で70種類《しゅるい》もの山《さん》菜《さい》がとれる。

山菜《さんさい》は、乾燥《かんそう》させたり塩《しお》づけにしたりして、保存食《ほぞんしょく》にもした。「ききんになったら山《やま》へはいれ」といういいつたえがある地方《ちほう》もある。山菜《さんさい》は、それほどたいせつな食料《しょくりょう》だった。

枝《えだ》あつめ

まきわり

冬《ふゆ》になると、山《やま》で枝《えだ》をあつめたり、まきを切《き》ったりして、燃料《ねんりょう》にした。

堆肥《たいひ》づくり

落《お》ち葉《ば》をあつめ、発酵《はっこう》させて、堆肥《たいひ》をつくる。

かりしき

生《なま》の枝《えだ》や草《くさ》（かりしき）を田《た》んぼにいれて肥料《ひりょう》にする。

肥料《ひりょう》と燃料《ねんりょう》

電気《でんき》もガスもなかった時代《じだい》、ごはんをたくにもお風呂《ふろ》をわかすにも、木《き》の枝《えだ》やまきを燃料《ねんりょう》にしていた。そのため、秋《あき》から冬《ふゆ》にかけて、雑木林《ぞうきばやし》の木《き》を伐《き》ってまきをつくったり枝《えだ》をあつめたりして1年《ねん》ぶんの燃料《ねんりょう》を確保《かくほ》した。雑木林《ぞうきばやし》には、ナラ、クヌギ、カシなど、まきや炭《すみ》をつくるための木《き》が多《おお》い。

田《た》んぼや畑《はたけ》の肥料《ひりょう》にも、山《やま》のめぐみを利用《りよう》した。山《やま》でかりとった雑草《ざっそう》や木《こ》の葉《は》をそのまま田《た》んぼへいれると、土《つち》の力《ちから》を回復《かいふく》させる肥《ひ》料《りょう》になった。

落《お》ち葉《ば》もむだにはしない。冬《ふゆ》になると山《やま》でかごいっぱいに落《お》ち葉《ば》をあつめ、家畜《かちく》のふんなどとまぜて発酵《はっこう》させ、堆肥《たいひ》をつくった。田《た》んぼや畑《はたけ》のたいせつな肥料《ひりょう》だ。

大工《だいく》の仕事《しごと》

チエちゃんのご近所《きんじょ》に新《あたら》しく家《いえ》がたつ。「きょうは建前《たてまえ》だって」おばあちゃんにさそわれていってみると、ちょうど小《ちい》さなもちがまかれているところだった。「最近《さいきん》は建前《たてまえ》もめずらしくなったね」おばあちゃんはなつかしそうだ。

建前《たてまえ》のようす。棟《むね》あげ式《しき》ともいう。やねの上《うえ》には魔《ま》よけの弓《ゆみ》などをつけて式《しき》をおこない、お祝《いわ》いにもちなどをまく。マンションの多《おお》い都会《とかい》では見《み》られなくなった。

家《いえ》をつくる職人《しょくにん》たち

日本《にほん》の古《ふる》い家《いえ》は木《き》でできている。こうした日本《にほん》の住宅《じゅうたく》は、専門《せんもん》の技《わざ》をもったさまざまな職人《しょくにん》が力《ちから》をあわせてつくる。

とび職《しょく》はたてものの骨《ほね》ぐみをくみたてる。高《たか》いところでの作業《さぎょう》がとくいだ。大工《だいく》は骨《ほね》ぐみができたあとの作業《さぎょう》をする。家《いえ》のなかや床《ゆか》などをつくることがおもな仕事《しごと》。家《いえ》のかべをつくるのは左官《さかん》。やねをふくのはやね屋《や》、家《いえ》のなかの障《しょう》子《じ》やふすまをつくる建具屋《たてぐや》もいる。電気《でんき》がつかえるようにする電気屋《でんきや》、水《みず》まわりの工事《こうじ》をする水道屋《すいどうや》も必要《ひつよう》だ。これら全体《ぜんたい》をまとめて家《いえ》を完成《かんせい》させる人《ひと》が棟梁《とうりょう》で、大工《だいく》がこの役《やく》につく。家《いえ》の骨《ほね》ぐみが完成《かんせい》すると、職人《しょくにん》たちに感謝《かんしゃ》し、お祝《いわ》いに建前《たてまえ》をする。

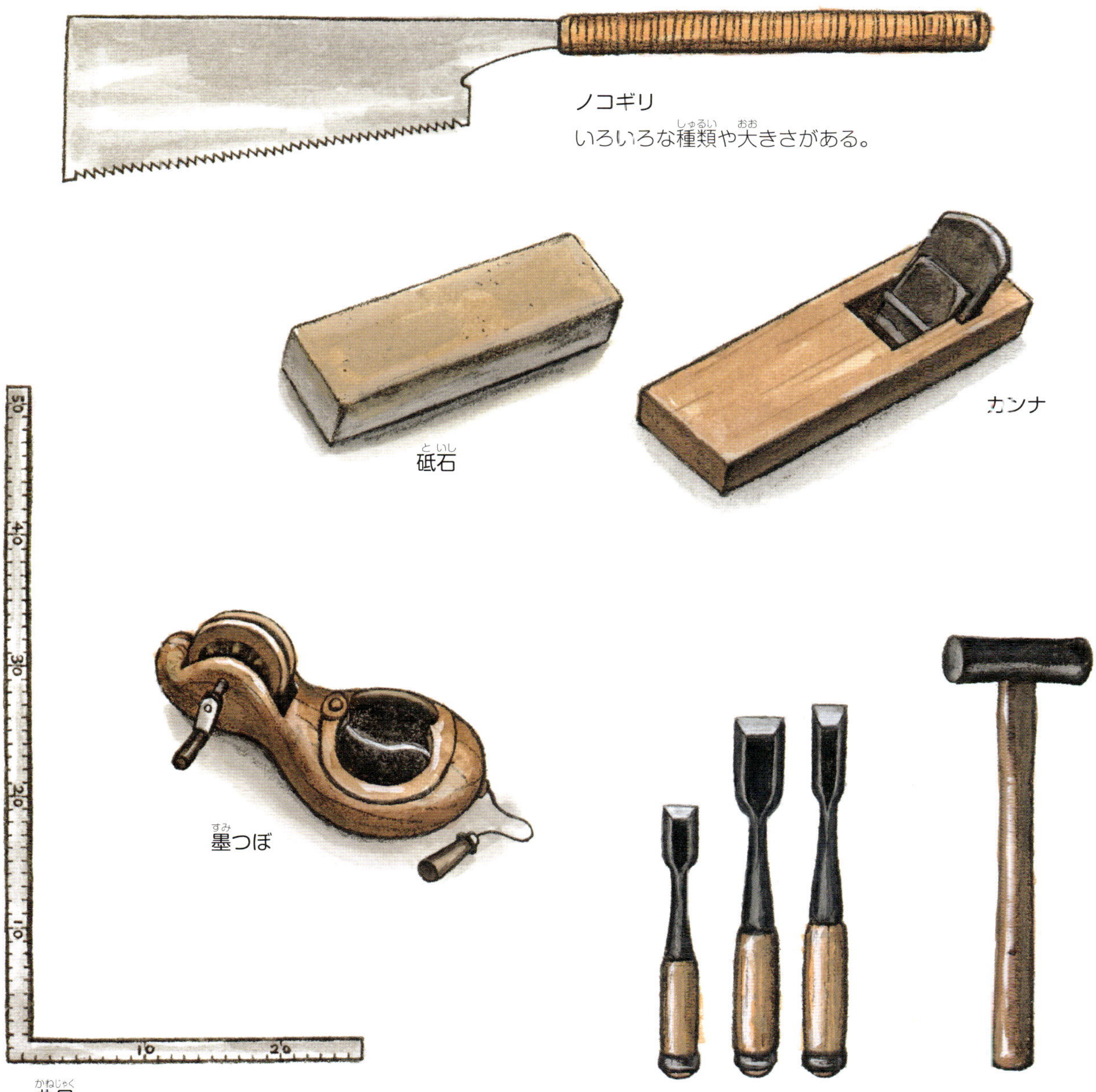
ノコギリ
いろいろな種類《しゅるい》や大《おお》きさがある。
砥石《といし》
カンナ
墨《すみ》つぼ
曲尺《かねじゃく》
ノミ
カナヅチ

大工道具《だいくどうぐ》

大工《だいく》はいろいろな道具《どうぐ》をつかって家《いえ》をたてる。長《なが》さをはかるのに必要《ひつよう》な曲尺《かねじゃく》、線《せん》をひくための墨《すみ》つぼ、木《き》を切《き》るためのノコギリ、木《き》をけずるためのカンナ、木《き》にあなをほるためのノミ。くぎやノミの頭《あたま》をうったりするためのカナヅチもある。道具《どうぐ》がないとその作業《さぎょう》ができないから、大工《だいく》は道具《どうぐ》をとてもたいせつにする。カンナやノミなどの刃《は》ものは、砥石《といし》をつかって自分《じぶん》でとぐ。道具《どうぐ》のていれができないといちにんまえではなかった。

最近《さいきん》ではホームセンターで電動《でんどう》ノコギリなどがかんたんに手《て》にはいるようになったので、自分《じぶん》でつくるという意味《いみ》のDIY《ディーアイワイ》でたなや机《つくえ》をつくるのがはやっているんだろうね。

和菓子屋《わがしや》の仕事《しごと》

チエちゃんの家《いえ》にお客《きゃく》さんがきた。おみやげは駅《えき》まえの和菓子屋《わがしや》のくりようかんだ！100年以上《ねんいじょう》まえからやっている歴史《れきし》ある店《みせ》のもので、チエちゃんはここのようかんが大《だい》すき。

新鮮《しんせん》で粒《つぶ》のそろったつやのあるアズキをえらび、水《みず》につけてあくをぬくことがたいせつ。

やわらかくなるまで、なべでにる。そのあと、むらして、さとうとねったものがつぶあん。

にたアズキを布《ぬの》でこして、豆《まめ》の皮《かわ》をとりのぞき、さとうとねったものがこしあん。

ようかん、まんじゅう、もなかなどにあんこがつかわれている。

和菓子《わがし》の種類《しゅるい》

和菓子《わがし》のとくちょうは、日本《にほん》にむかしからある米《こめ》や豆《まめ》、さとうを材料《ざいりょう》にしていること。とくにアズキをにて、さとうをくわえた「あん」は和菓子《わがし》にかかせない。アズキのほかに白《しろ》インゲンやサツマイモ、クリをつかうこともある。

むかしは、お祭《まつ》りの日《ひ》には、あんこをにて、ぼたもちやまんじゅうなどを家《いえ》でつくったが、上生菓子《じょうなまがし》やらくがん、ようかんは和菓子屋《わがしや》から買《か》ってきた。らくがんは、米《こめ》やムギの粉《こな》にさとうや水《みず》あめをまぜて色《いろ》をつけ、型《かた》にいれて乾燥《かんそう》させたもの。仏《ほとけ》さまのおそなえや結婚式《けっこんしき》、茶道《さどう》の席《せき》でのお菓子《かし》にする。ようかんも長《なが》く保存《ほぞん》ができるので、古《ふる》くからおみやげの定番《ていばん》。各地《かくち》に有名《ゆうめい》なお店《みせ》があるほどだ。

和菓子屋《わがしや》には何百年《なんびゃくねん》もつづいている店《みせ》がある。大《おお》きなのれんが店《みせ》のいり口《ぐち》にさがっている。古《ふる》い店《みせ》の看板《かんばん》は「菓子司《かしつかさ》」と右《みぎ》から左《ひだり》へ書《か》かれている。

らくがんの木型《きがた》。らくがんは米《こめ》の粉《こな》とさとう・水《みず》あめのまぜかたや、型《かた》へのつめかたがむずかしい。

店《みせ》には毎月《まいつき》ちがう上生菓子《じょうなまがし》がならぶ。上生菓子《じょうなまがし》にはテーマがあって、名《な》まえもつけられる。あんでつくるだけでなく、真夏《まなつ》には寒天《かんてん》でできた水《みず》のなかを金魚《きんぎょ》がおよぐすずしげな上生菓子《じょうなまがし》もつくられる。

美《うつく》しい和菓子《わがし》

和菓子屋《わがしや》には、花《はな》やくだものなどをかたどった四季《しき》を感《かん》じさせるお菓子《かし》がならぶ。茶道《さどう》やお祝《いわ》いの席《せき》でだされる上生菓子《じょうなまがし》は、長《なが》いあいだとくべつな身分《みぶん》の人《ひと》のお菓子《かし》だった。その人《ひと》たちの目《め》と舌《した》を楽《たの》しませるため、職人《しょくにん》たちは技術《ぎじゅつ》をみがいてきた。てのひらで白《しろ》あんに色《いろ》をつけてかたちをつくり、最後《さいご》にへらでもようをきざんでいく和菓子職人《わがししょくにん》の技《わざ》は、まるで魔法《まほう》のようだ。

らくがんも季節《きせつ》の花《はな》や生《い》きものなどをかたどったお菓子《かし》。木《き》にこまかいもようをほったらくがんの型《かた》があり、これに材料《ざいりょう》をいれてかためる。木型《きがた》もとてもたくさんの種類《しゅるい》があって、お菓子《かし》の世界《せかい》のおくふかさにはおどろくばかりだ。

とうふ屋《や》の仕事《しごと》

パーフー。どこからかラッパの音《おと》。「おとうふ屋《や》さんだ！　なつかしい」夕飯《ゆうはん》をつくっていたおばあちゃんの目《め》がかがやいた。むかしは毎日《まいにち》のようにとうふを売《う》りにきたそうだ。チエちゃんは100円玉《えんだま》をにぎりしめて、そとにかけだした。

とうふの行商《ぎょうしょう》。いまはプラスチックのパックにはいっているが、むかしは家《いえ》からボウルなどの容器《ようき》をもっていき、そこにとうふをいれてもらった。

あぶらあげ

冷《ひ》ややっこ

いなりずし

がんもどき

とうふ屋《や》は、うすく切《き》ったとうふを油《あぶら》であげたあぶらあげや、とうふをつぶしてニンジンやゴボウなどとまぜてあげたがんもどきなどもつくっている。

とうふ屋《や》

ダイズでできたとうふは、低《てい》カロリーで高《こう》タンパク質《しつ》な健康《けんこう》食《しょく》。いろいろな料理《りょうり》につかえるので、世界《せかい》じゅうで食《た》べられている。とうふづくりは時間《じかん》もてまもかかるから、家《いえ》でつくるのはたいへん。そのため、むかしからどこの地域《ちいき》にもたいていとうふ屋《や》があった。

スーパーでとうふが売《う》られるようになるまえは、とうふ屋《や》はリヤカーや自転車《じてんしゃ》にとうふをつんで売《う》り歩《ある》く「行商《ぎょうしょう》」をすることが多《おお》かった。買《か》うときは家《いえ》からボウルをもっていった。とうふ屋《や》は冷水《れいすい》をはった箱《はこ》からとうふをとってボウルにいれてくれた。冷蔵庫《れいぞうこ》がなかった時代《じだい》は、売《う》れのこるとすてなければならないので、たいへんだったそうだ。

とうふのつくりかた

①ダイズをよくあらって水《みず》につける。

②ダイズを水《みず》といっしょに石臼《いしうす》でひく。

③豆乳《とうにゅう》としぼりかすの「おから」。おからもにものにしたりドーナツにしたりして、むだにしない。

④にがりをいれてかたまりかけた豆乳《とうにゅう》。とうふを切《き》るときは、専用《せんよう》の包丁《ほうちょう》をつかう。

とうふづくり

とうふはどうやってつくるんだろう？

ダイズを水《みず》に8時《じ》間《かん》以《い》上《じょう》つけてやわらかくしたら、水《みず》をかけながら石臼《いしうす》でひく。どろどろになったダイズの粉《こな》をなべでにる。ふっとうさせてから少《すこ》しさまし、布《ぬの》の袋《ふくろ》にいれてしぼる。しぼった汁《しる》が豆乳《とうにゅう》で、袋《ふくろ》のなかにのこるダイズのしぼりかすがおからだ。とうふにつかうのは豆乳《とうにゅう》だけで、これをあたためて、にがりをまぜてかためる。にがりは海水《かいすい》からとれる塩化《えんか》マグネシウムのこと。絹《きぬ》ごしどうふはこい豆乳《とうにゅう》ににがりをまぜてそのままかためる。木綿《もめん》どうふは一《いち》度《ど》かためたものをくずしてから木綿《もめん》の布《ぬの》をしいた容器《ようき》にいれ、水《すい》分《ぶん》をしぼってふたたびかためる。

魚屋《さかなや》の仕事《しごと》

町《まち》の魚屋《さかなや》に「寒《かん》ブリ入荷《にゅうか》」の大《おお》きなはり紙《がみ》。「こんやはお刺身《さしみ》にしましょう」とおばあちゃん。おばあちゃんは刺身用《さしみよう》のブリと、アラ煮《に》にするためにブリのアラ（身《み》をとったあとの頭《あたま》と骨《ほね》）を買《か》った。

地元《じもと》の魚《さかな》のことは地元《じもと》の魚屋《さかなや》がいちばんよく知《し》っている。どんな食《た》べかたがおいしいのかきいてみよう。

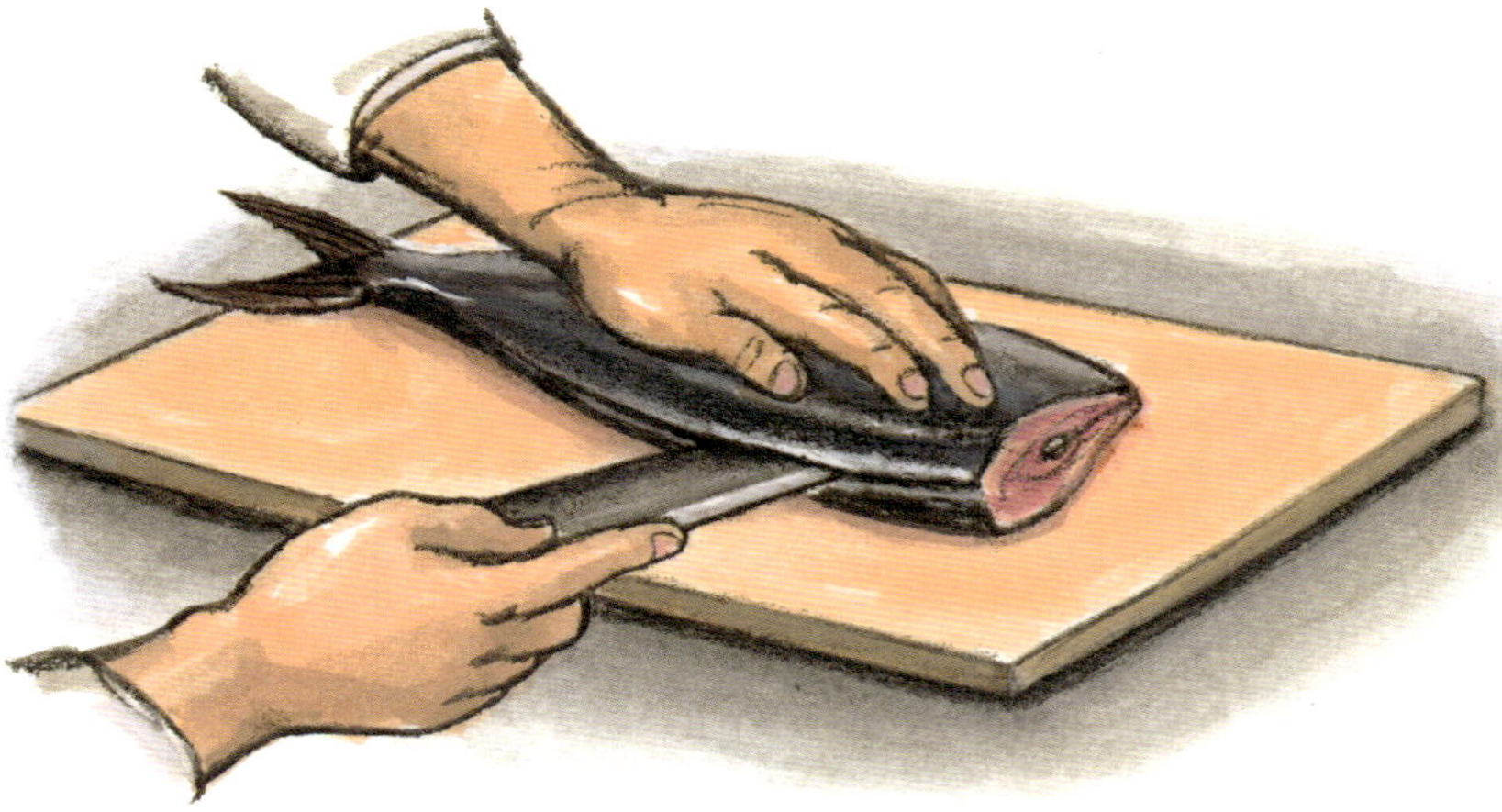

新鮮《しんせん》な魚《さかな》は刺身《さしみ》にするのがいちばん！ たのむとすぐに刺身《さしみ》にしてくれる。

町《まち》の魚屋《さかなや》

町《まち》の魚屋《さかなや》は、近《ちか》くの海《うみ》でとれる旬《しゅん》の魚《さかな》をしいれ、新鮮《しんせん》なうちに売《う》る。食《た》べかたをきいて、内臓《ないぞう》やうろこをとり、切《き》り身《み》や刺身用《さしみよう》にしてくれる。魚屋《さかなや》は、魚《さかな》のいちばんおいしい食《た》べかたを教《おし》えてくれる専門家《せんもんか》だ。

また、家《いえ》にお客《きゃく》さんをたくさんよぶときは、仕出《しだ》し弁当《べんとう》をつくって配達《はいたつ》してくれる魚屋《さかなや》も多《おお》い。

むかしは海《うみ》から遠《とお》いと新鮮《しんせん》な魚《さかな》が手《て》にはいらないので、干物《ひもの》や塩《しお》づけ、くさりにくいサメ類《るい》などを行商《ぎょうしょう》することもあった。

いまでは流通《りゅうつう》や冷凍《れいとう》の技術《ぎじゅつ》が進《しん》歩《ぽ》して、外国《がいこく》でとれた魚《さかな》もらくに手《て》にはいる。スーパーにはいろいろな魚《さかな》がならぶようになって、町《まち》の魚屋《さかなや》はへってしまった。

港《みなと》のよこには魚市場《うおいちば》がある。魚《さかな》をつんだ船《ふね》が港《みなと》につくと、魚《さかな》は魚市場《うおいちば》へはこばれる。魚市場《うおいちば》には製氷工場《せいひょうこうじょう》もある。

魚市場《うおいちば》にならぶ魚《さかな》。仲買人《なかがいにん》たちがねだんをつけあって、買う人《ひと》がきまっていく。

魚《さかな》がお店《みせ》にならぶまで

魚屋で売《う》られている魚《さかな》は、漁師《りょうし》がとった魚《さかな》を魚屋《さかなや》が直接《ちょくせつ》買《か》っているわけではない。

魚《さかな》は港《みなと》に水《みず》あげされてから魚市《うおいち》場《ば》にはこばれる。そのため魚市場《うおいちば》はたいてい港の近くにある。でも、人口《じんこう》が多《おお》い東京《とうきょう》や大阪《おおさか》、福岡《ふくおか》などの大都会《だいとかい》の魚市場《うおいちば》には、全国《ぜんこく》の港《みなと》から魚《さかな》がはこばれてくる。魚市場《うおいちば》にはこばれた魚《さかな》は「仲買人《なかがいにん》」とよばれる人《ひと》たちがせりおとして買《か》っていく。

「せり」というのは、仲買人《なかがいにん》たちが市場《いちば》にならんだ魚《さかな》にねだんをつけあって、いちばん高《たか》いねだんをつけた人《ひと》がその魚《さかな》を買《か》えるしくみだ。仲買人《なかがいにん》は魚《さかな》のよしあしを見《み》てねだんをつける。町《まち》の魚屋《さかなや》はこの仲買人《なかがいにん》から魚《さかな》をしいれている。

床屋《とこや》と美容院《びよういん》

チエちゃんは、七五三《しちごさん》の晴《は》れ着《ぎ》を着《き》るとき、はじめて美容院《びよういん》にいった。着物《きもの》にあうように髪《かみ》をきれいにゆってもらうためだ。それまでは髪《かみ》は家《いえ》でお母《かあ》さんに切《き》ってもらっていたけど、このあとからは美容院《びよういん》にいくようになった。

床屋《とこや》の目印《めじるし》は店先《みせさき》にある赤《あか》と青《あお》のらせん状《じょう》の線《せん》がぐるぐるとまわっている看板《かんばん》。

カミソリは、砥石《といし》でといだあとストラップという革《かわ》ベルトで刃《は》をととのえる。

むかしは床屋《とこや》でつかっているカミソリをつかって自分《じぶん》でもひげをそった。ひげそりは美容院《びよういん》ではできない。

髪《かみ》の毛《け》を切《き》る仕事《しごと》

髪《かみ》の毛《け》を切《き》るお店《みせ》には床屋《とこや》（理《り》容院《よういん》）と美容院《びよういん》がある。床屋《とこや》には理容師《りようし》、美容院《びよういん》には美容師《びようし》という国《くに》の試験《しけん》に合格《ごうかく》して免許《めんきょ》をもらった専門家《せんもんか》がいる。

むかしの日本人《にほんじん》はおすもうさんや和服《わふく》すがたのお嫁《よめ》さんのようにほとんどがまげをゆっていた。そのため髪《かみ》にかかわる仕事《しごと》をする人《ひと》を髪《かみ》ゆい、店《みせ》を髪《かみ》ゆい床《どこ》といった。床屋《とこや》というのは、自分《じぶん》の店《みせ》をもっている髪《かみ》ゆいの人《ひと》、またはその店《みせ》という意味《いみ》だった。

明治時代《めいじじだい》になって、まげをゆうのをやめて、国民《こくみん》はみな短《みじか》い髪形《かみがた》にしなさいという命令《めいれい》がでた。そのころから床屋《とこや》が髪《かみ》を切《き》るようになった。かみそりで顔《かお》をそってくれるのも床屋《とこや》のとくちょうだ。

よくつかうのは刃《は》が少しカーブしているハサミ。

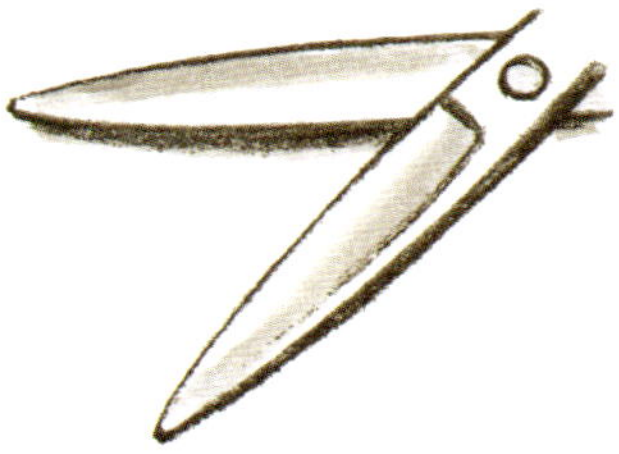

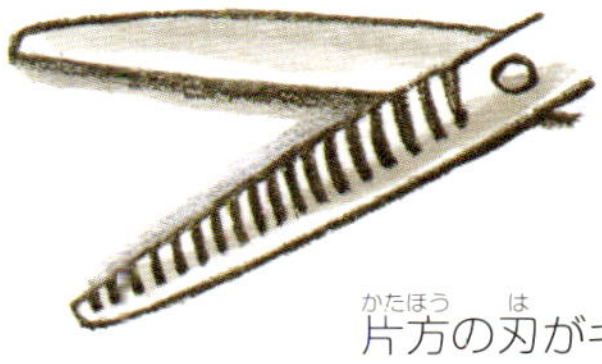

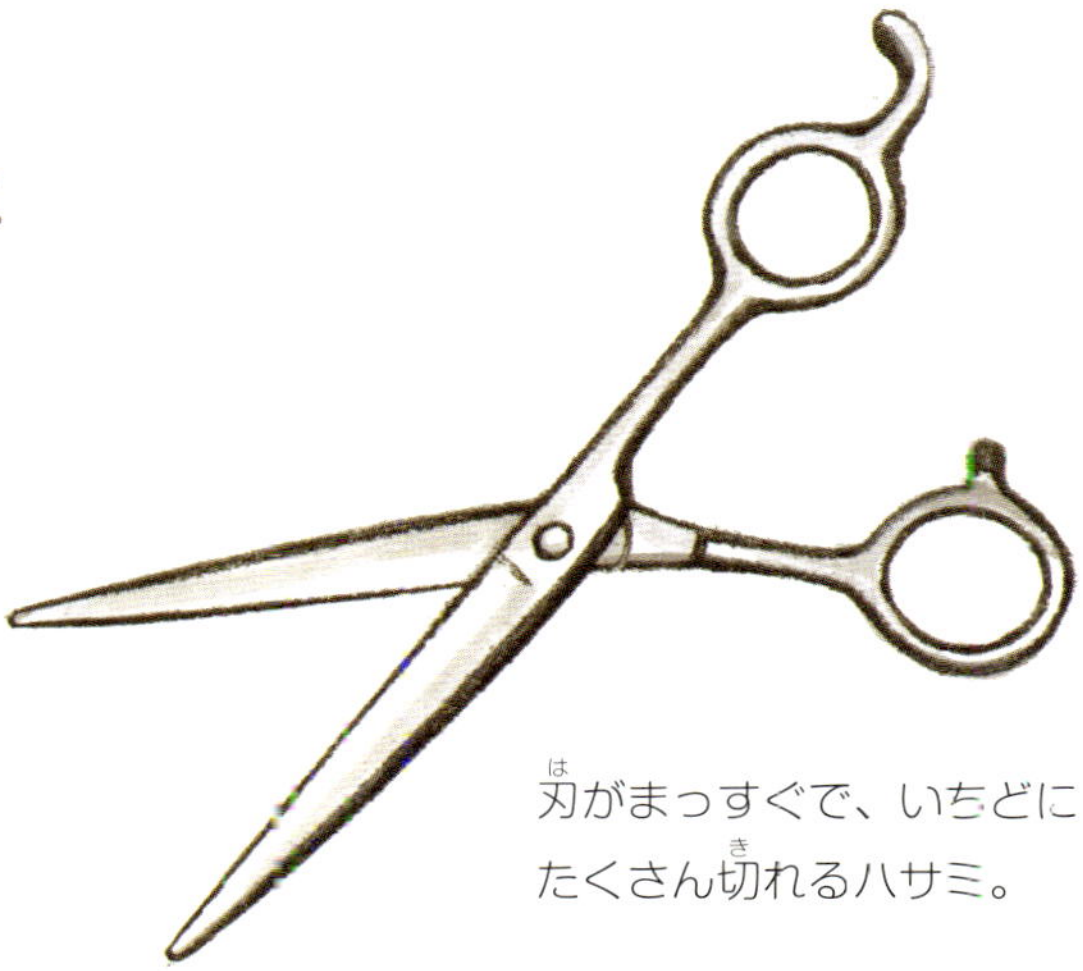

片方《かたほう》の刃《は》がギザギザになっているのは、髪《かみ》の毛《け》の量《りょう》をへらすためのスキバサミ。

刃《は》がまっすぐで、いちどにたくさん切《き》れるハサミ。

美容院《びよういん》では、パーマをかけるお客《きゃく》さんも多《おお》い。まいているのはロット。ウェーブの太《ふと》さによってロットの太《ふと》さがちがう。

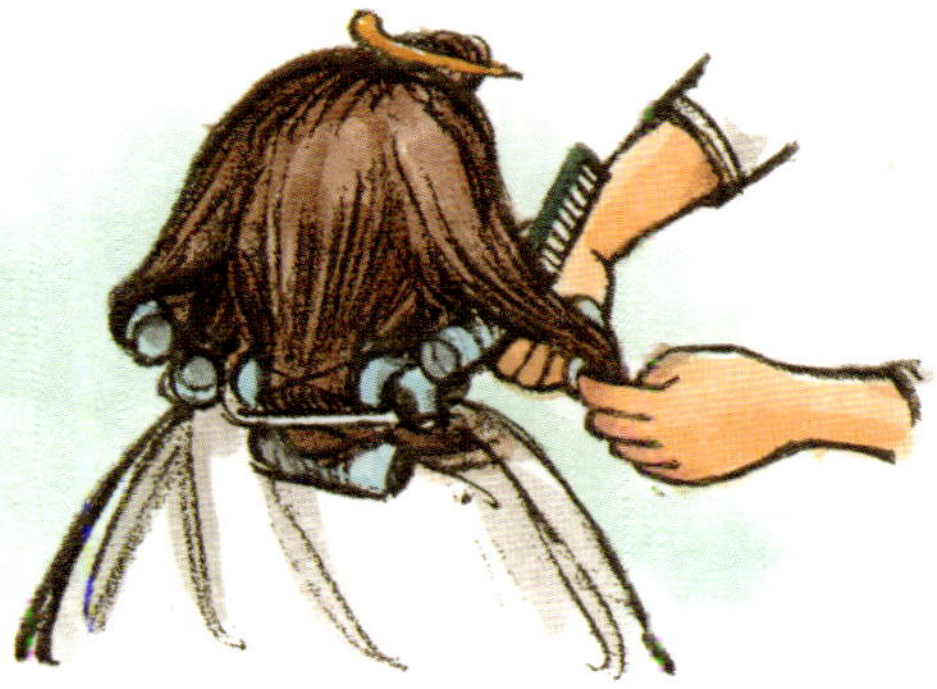

床屋《とこや》や美容院《びよういん》の仕事《しごと》は、ずっとたっているのでたいへんだ。腰《こし》がいたくならないように、みんな注意《ちゅうい》して仕事《しごと》をしている。

理容師《りようし》と美容師《びようし》

床屋《とこや》というのは理容師《りようし》のことをいう。美容師《びようし》は、おもに女《おんな》の人《ひと》の髪《かみ》を切《き》ったりゆったりすることにくわえて、パーマや毛《け》ぞめ、着物《きもの》の着《き》つけ、お化粧《けしょう》など美容《びよう》にかかわることなどをやっている。美容《びよう》師《し》と理容師《りようし》とは免許《めんきょ》もべつだ。

理容師《りようし》、美容師《びようし》がつかうハサミには3種類《しゅるい》ある。刃《は》がまっすぐで、いちどにたくさんの髪《かみ》が切《き》れるハサミ。よくつかうのは刃《は》が少《すこ》しカーブしているハサミ。そして、髪《かみ》の量《りょう》をへらすためのスキバサミ。どれも指《ゆび》をかけるあなのうしろがピンとはねあがってつきでている。切《き》るときはそこに小指《こゆび》をかけ、薬《くすり》指《ゆび》と親指《おやゆび》をあなにいれて動《うご》かす。理容師《りようし》も美容師《びようし》も、ハサミをつかう名人《めいじん》だ。

第《だい》5章《しょう》▼家《いえ》と人《ひと》のつながり

こんど、チエちゃんはこども会《かい》のドッジボール大会《たいかい》にでることになった。
代表《だいひょう》であいさつをするので、家《いえ》で練習《れんしゅう》をしているとお父《とう》さんがいった。
「ここでは1年《ねん》2組《くみ》の日野《ひの》チエじゃなくて、玉川《たまがわ》こども会《かい》の日野《ひの》チエだろう?」
そういえば、お父《とう》さんも自治会《じちかい》の会議《かいぎ》のときは「玉川自治会《たまがわじちかい》の日野《ひの》」というけど、
消防団《しょうぼうだん》の行事《ぎょうじ》のときは「玉川消防団《たまがわしょうぼうだん》の日野《ひの》」とあいさつしていたっけ。
それじゃ、日野《ひの》チエという名《な》まえは、日野《ひの》という家族《かぞく》のなかのチエってこと?

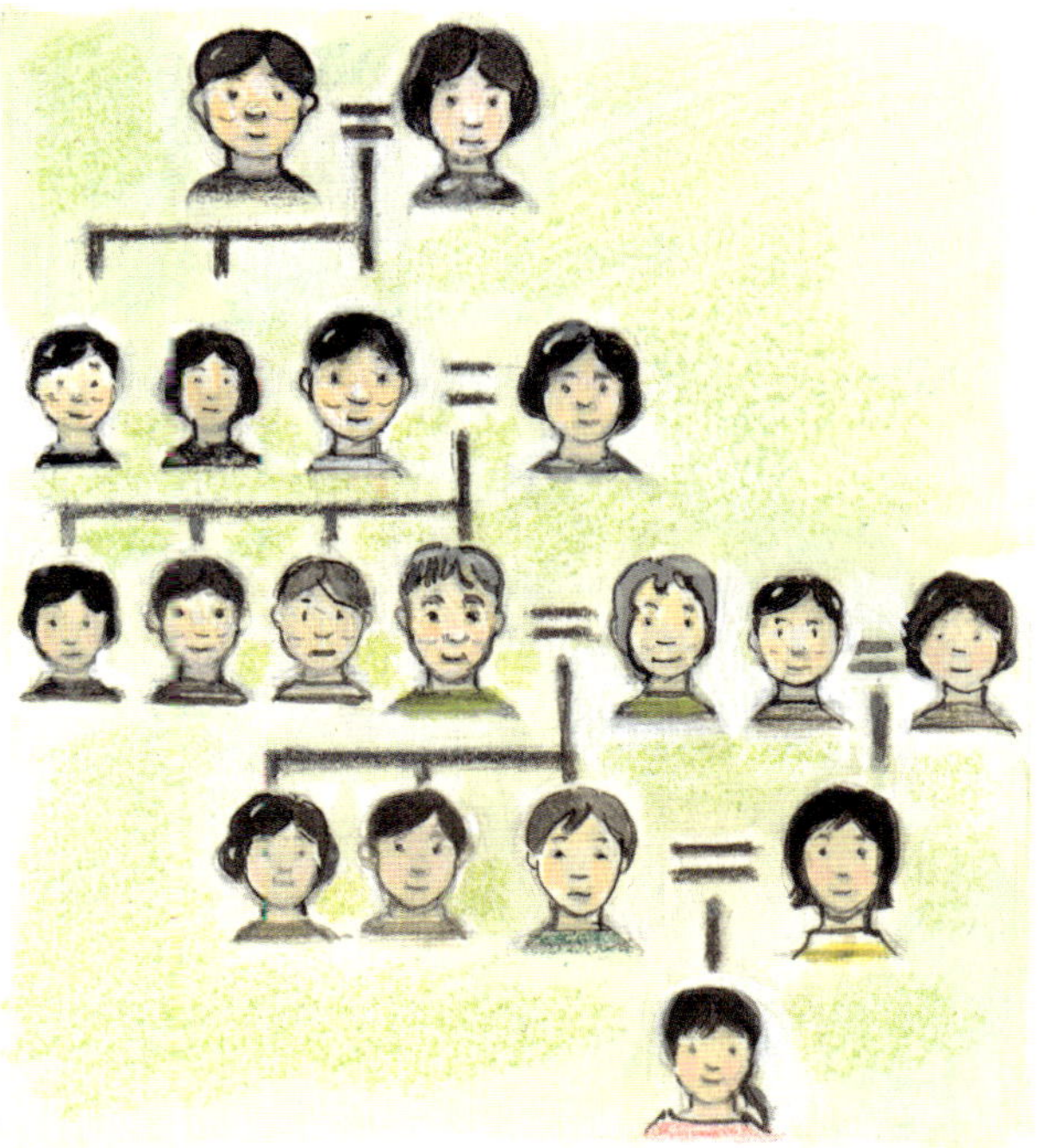

家族《かぞく》と親《しん》せき

チエちゃんはお父《とう》さんとお母《かあ》さん、おじいちゃん、おばあちゃんとくらしている。こうやっていっしょに生活《せいかつ》している人《ひと》たちは「家族《かぞく》」だ。正月《しょうがつ》に、あいさつにくるおじさんやおばさんは、チエちゃんの「親《しん》せき」になる。

年《ねん》に一度《いちど》、家族写真《かぞくしゃしん》をとる家《いえ》もある。

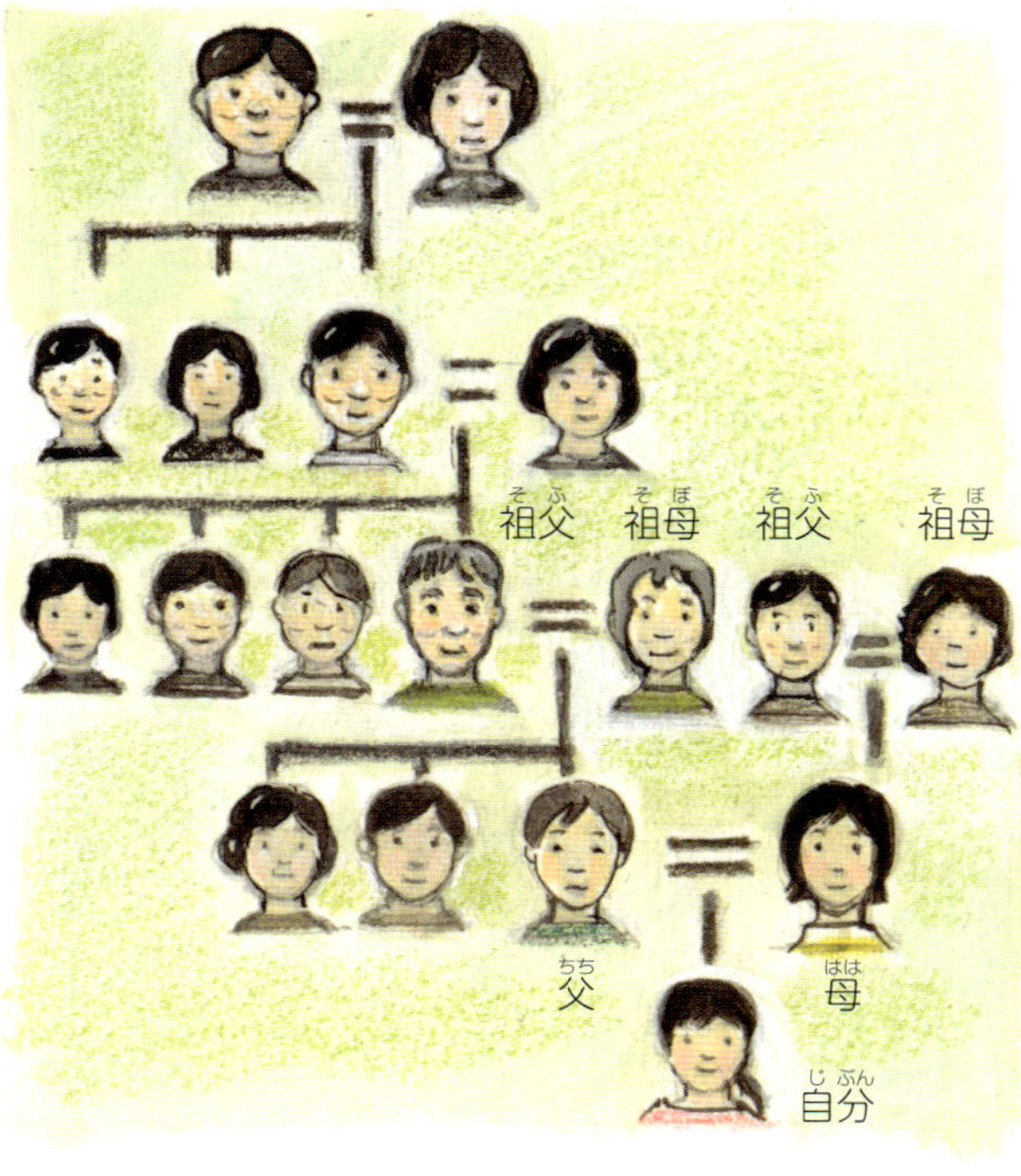

お嫁《よめ》さんがきて、赤《あか》ちゃんがうまれて……家族《かぞく》がふえていくようすがうつっている。

家族《かぞく》

チエちゃんは、5人家族《にんかぞく》。お父《とう》さんの一郎《いちろう》さん、お母《かあ》さんの恵理子《えりこ》さん、お父《とう》さんのお父《とう》さんでチエちゃんのおじいちゃん（祖父《そふ》）の英吉《えいきち》さん、お父《とう》さんのお母《かあ》さんでおばあちゃん（祖母《そぼ》）の恵子《けいこ》さんがいる。ひとつのやねの下《した》にくらす5人《にん》の名字《みょうじ》はみんな「日野《ひの》」で、名字《みょうじ》がおなじことが家族《かぞく》のしるしになっている。けれど、おばあちゃんはおじいちゃんと結婚《けっこん》して「日野《ひの》」になったし、お母《かあ》さんも結婚《けっこん》して「日野《ひの》」になった。お母《かあ》さんは名字《みょうじ》がかわるとき、どんな気《き》もちになったんだろう。

古《ふる》い写真《しゃしん》にうつるおじいちゃんのお父《とう》さん。いま、わたしがいるのはこの人《ひと》がいたから。チエちゃんは少《すこ》しふしぎな気《き》もちになった。

いとこのお姉《ねえ》さんをかこんだ親《しん》せきの集合写真《しゅうごうしゃしん》。みんなの顔《かお》がどことなくにていて、血《ち》のつながりを感《かん》じる。

いとこのお姉《ねえ》さんの結婚式《けっこんしき》。

家《いえ》で百人一首《ひゃくにんいっしゅ》をするグループ。

そとでたこあげやはねつきをするグループ。

正月《しょうがつ》やお盆《ぼん》は、いとこたちと遊《あそ》べる楽《たの》しい時間《じかん》。むかしはいとこがたくさんいて、そと遊《あそ》びと家遊《いえあそ》びのグループにわかれたそうだ。

親《しん》せき

お父《とう》さんの兄弟姉妹《きょうだいしまい》やお母《かあ》さんの兄弟姉妹《きょうだいしまい》はチエちゃんにとって「おじさん」や「おばさん」だ。おじさんやおばさんのこどもたちはチエちゃんの「いとこ」になる。正月《しょうがつ》には、おじさんやおばさんが家族《かぞく》をつれて、おじいちゃんやおばあちゃんのところにあいさつにやってくる。おとなはごちそうを食《た》べたりお酒《さけ》をのんだりするし、いとこたちはみんなでゲームをして遊《あそ》ぶ。血《ち》がつながった人《ひと》と、その人《ひと》が結婚《けっこん》してできた家族《かぞく》は「親《しん》せき」だから、とくべつに親《した》しくつきあう関係《かんけい》だ。親《しん》せきは、正月《しょうがつ》だけではなく、結婚式《けっこんしき》やお葬式《そうしき》にもあつまるし、なにかこまったことがおきたときに相談《そうだん》にのってくれることもある。

ご近所《きんじょ》づきあい

チエちゃんは、若葉市《わかばし》玉川町《たまがわちょう》にすんでいる。家《いえ》のまわりには畑《はたけ》や田《た》んぼ、里山《さとやま》があり、町《まち》の中央《ちゅうおう》には玉川《たまがわ》がながれている。玉川町《たまがわちょう》にある39軒《けん》の家《いえ》は、玉川自治会《たまがわじちかい》をつくっていて、玉川自治会《たまがわじちかい》はさらに3組《くみ》にわかれている。

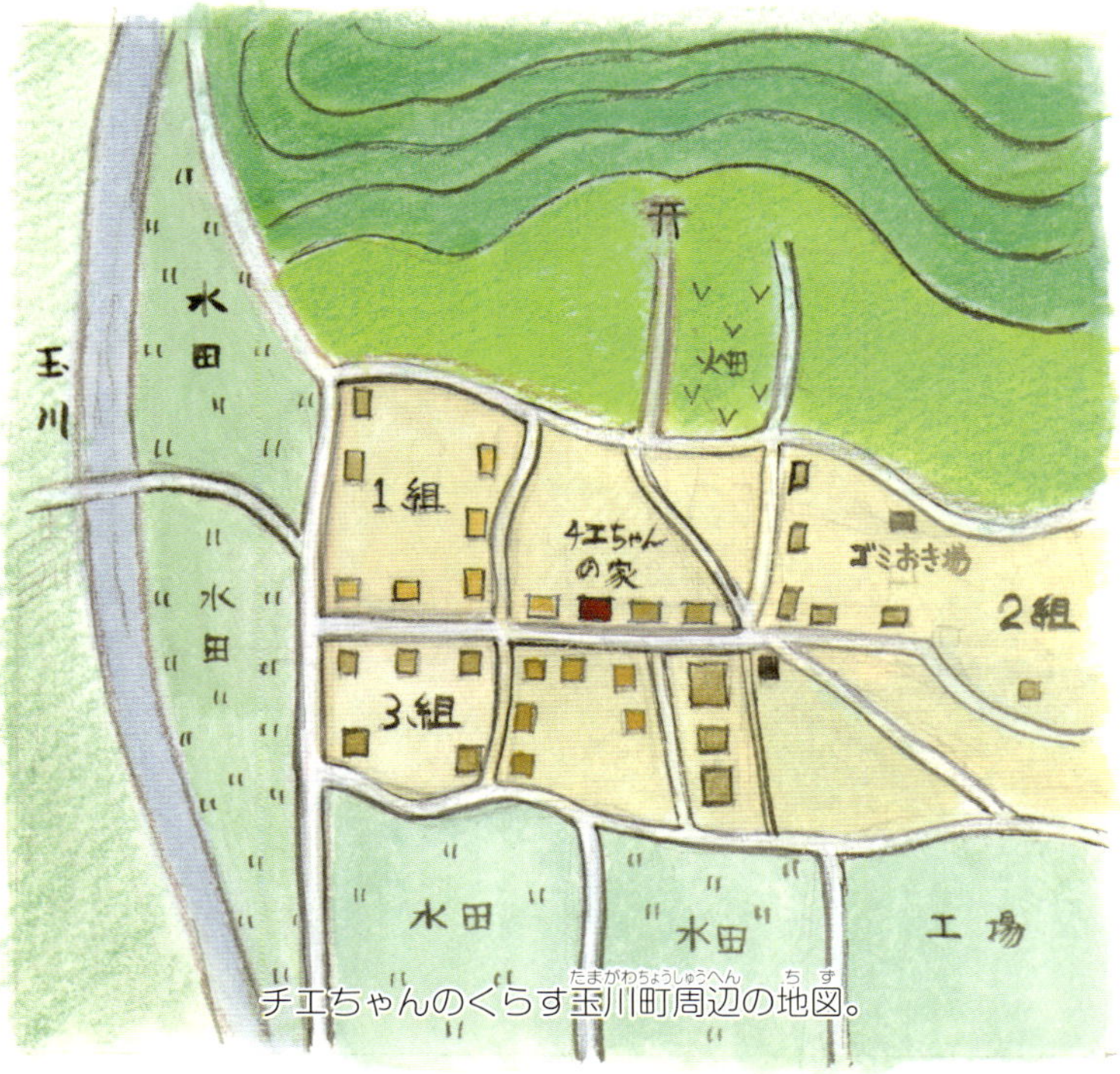

チエちゃんのくらす玉川町周辺《たまがわちょうしゅうへん》の地図《ちず》。

組《くみ》ごとにあるゴミおき場《ば》。当番《とうばん》がそうじをしてくれているから、いつもきれいだ。

街灯《がいとう》も自治会《じちかい》が管理《かんり》する。

自治会《じちかい》と組《くみ》

自治会《じちかい》というのは、この地区《ちく》にすんでいる人《ひと》たちでつくる会《かい》のこと。町内会館《ちょうないかいかん》をどのようにつかうか、家《いえ》からでるゴミをどこにあつめておくか、地区《ちく》でどのような行事《ぎょうじ》をするかなど、生活《せいかつ》するための約束《やくそく》ごとをきめたり、市役所《しやくしょ》にいろいろな相談《そうだん》をしたりする。たとえばゴミおき場《ば》は、地区《ちく》をさらに小《ちい》さくわけた組《くみ》ごとにおかれていて、週《しゅう》に3回《かい》ほど市《し》のゴミ収集車《しゅうしゅうしゃ》がまわってくる。

組《くみ》では、順番《じゅんばん》にまわってくる当番《とうばん》がゴミおき場《ば》のそうじをする。カラスがゴミをちらかしても、当番《とうばん》の人《ひと》がかたづけてくれるから、気《き》もちよくくらすことができる。自治会《じちかい》は、すみやすい環境《かんきょう》をつくるために必要《ひつよう》なんだ。

遠《とお》くにでかけると、となり近所《きんじょ》におみやげを買《か》ってくる。みやげ話《ばなし》に花《はな》がさくことも……。

しょうゆやみそがたりなくなり、となり近所《きんじょ》にかりにいくこともあった。

となり近所《きんじょ》で食《た》べものやのみものをもちよるバーベキューは、夏《なつ》の楽《たの》しい思《おも》いで。こどもたちが大《おお》きくなると、こういう機会《きかい》はぐっと少《すく》なくなる。

となり近所《きんじょ》

自治会《じちかい》や組《くみ》のほかに、となり近《きん》所《じょ》の家《いえ》とはとくに親《した》しくおつきあいをする。むかしは「むこう3軒《げん》両《りょう》どなり」といって、家《いえ》の両《りょう》どなりと道《みち》のむかいがわの家《いえ》には、おみやげなどをとどける習慣《しゅうかん》があった。となり近所《きんじょ》の人《ひと》は、留守《るす》のあいだにたずねてきた人《ひと》がいたなどと教《おし》えてくれるし、ご近所《きんじょ》の目《め》があれば防犯《ぼうはん》カメラがなくても安心《あんしん》だった。

正月《しょうがつ》のまえには、となり近所《きんじょ》の家《いえ》が共同《きょうどう》でもちをつくこともあった。いまでも、夏休《なつやす》みに夕《ゆう》すずみをかねて、となり近所《きんじょ》であつまってバーベキューをするところもある。こどもたちは、兄弟姉妹《きょうだいしまい》以外《いがい》のこどもたちと親《した》しくなり、「幼《おさな》なじみ」になっていく。

鎮守社《ちんじゅしゃ》と祭《まつ》り

チエちゃんは小《ちい》さいころから、毎朝《まいあさ》おじいちゃんと玉川町《たまがわちょう》にある小原神社《おはらじんじゃ》まで散歩《さんぽ》している。神社《じんじゃ》では2回頭《かいあたま》をさげて2回手《かいて》をうち、最後《さいご》にもう1回頭《かいあたま》をさげる。このおまいりのしかたはおじいちゃんに教《おし》えてもらった。

鎮守社《ちんじゅしゃ》。社殿《しゃでん》のうしろには鎮守《ちんじゅ》の森《もり》がひろがっている。

神社《じんじゃ》の目印《めじるし》のご神木《しんぼく》。

鎮守社《ちんじゅしゃ》と氏子会《うじこかい》

小原神社《おはらじんじゃ》は、この地区《ちく》をまもる神《かみ》さまをまつる「鎮守社《ちんじゅしゃ》」。鳥居《とりい》をくぐると神社《じんじゃ》の目印《めじるし》の大《おお》きな木《き》がある。この木《き》は神《かみ》さまがいらっしゃる「ご神木《しんぼく》」で、おとな3人《にん》が両手《りょうて》をのばしてやっととどくほどの太《ふと》さだ。

鎮守社《ちんじゅしゃ》には神主《かんぬし》さんがいるけど、建物《たてもの》の管理《かんり》や境内《けいだい》のそうじ、お祭《まつ》りの準備《じゅんび》は、氏子会《うじこかい》が分担《ぶんたん》している。むかしから玉川町《たまがわちょう》にすんでいる家《いえ》は、たいてい氏子会《うじこかい》にはいっていて、組《くみ》から何人《なんにん》か役員《やくいん》をだすことになっている。毎年《まいとし》、会員《かいいん》は会費《かいひ》をだしあって神社《じんじゃ》に必要《ひつよう》な費用《ひよう》をまかなっている。

自治会《じちかい》には地区《ちく》の全部《ぜんぶ》の家《いえ》がはいっているけれど、氏子会《うじこかい》にははいっていない家《いえ》もあるそうだ。

むかしは男《おとこ》の人《ひと》しかおみこしをかつぐことができなかった。いまは女《おんな》の人《ひと》がかつぐこともあるし、小《ちい》さいこどもみこしが地区《ちく》をまわることもある。

こどもたちは、先輩《せんぱい》たちから口《くち》づたえでおはやしを教《おし》えてもらう。

おみこしとおはやし

小原神社《おはらじんじゃ》では、毎年《まいとし》7月下旬《がつげじゅん》の日曜日《にちようび》にお祭《まつ》りがある。神社《じんじゃ》にはおみこしがあって、お祭《まつ》りのまえに氏子会《うじこかい》の人《ひと》たちがおみこしの点検《てんけん》をする。神主《かんぬし》さんがおはらいをしてから、おみこしに神社《じんじゃ》の神《かみ》さまをうつす。

そのあと、氏子《うじこ》のわかい男《おとこ》の人《ひと》たちがおみこしをかついで地区《ちく》じゅうをまわる。おみこしがまわってくると、どの家《いえ》の人《ひと》も道路《どうろ》にでて、おさいせんをあげる。

おみこしといっしょに、かねや太鼓《たいこ》をたたいたり、笛《ふえ》をふいたりする。これをおはやしという。小《しょう》学生《がくせい》になっておはやしを習《なら》いはじめたこどもも、おそろいのハッピを着《き》ておみこしといっしょに地区《ちく》をまわる。ちょっととくいげだ。

自治会館《じちかいかん》の利用《りよう》

チエちゃんは週《しゅう》に一度《いちど》、玉川自治会館《たまがわじちかいかん》で英会話《えいかいわ》をならっている。自治会館《じちかいかん》は玉川自治会《たまがわじちかい》でお金《かね》をつみたて、市《し》からの援助《えんじょ》をうけてたてられたもの。自治会《じちかい》のあつまりのほかにも、このようないろいろなあつまりに利用《りよう》されている。

むかしは、どの家《いえ》にもふすまをはずせば広《ひろ》くなる和室《わしつ》があったから、たくさんの人《ひと》があつまることができた。

自治会館《じちかいかん》のいり口《ぐち》には、自治会館《じちかいかん》の名《な》まえが大《おお》きく書《か》かれている。

自治会館《じちかいかん》ができるまで

自治会館《じちかいかん》ができるまえは、相談《そうだん》ごとがあるときには「寄合《よりあい》」といって、各家《かくいえ》からひとりずつでて、当番《とうばん》の家《いえ》にあつまって話《はな》しあいをした。

昼間《ひるま》は仕事《しごと》があるので、夕食後《ゆうしょくご》にあつまることが多《おお》かった。町内《ちょうない》の約束《やくそく》ごとをきめるときは、多数《たすう》決《けつ》ではなく、みんなが賛成《さんせい》するまで話《はな》しあったから、何時間《なんじかん》もかかることがあった。寄合《よりあい》は1年《ねん》のうちに何回《なんかい》もあったし、当番《とうばん》の家《いえ》はお茶《ちゃ》やお菓子《かし》をだしたりしてたいへんなので、自治会館《じちかいかん》をたてることにしたのだ。

いまの自治会館《じちかいかん》は、地区《ちく》のまんなかにある。テーブルといすがある会議室《かいぎしつ》や畳《たたみ》のへやもあってとても便利《べんり》だ。

体《からだ》によい料理《りょうり》の教室《きょうしつ》。

自治会館《じちかいかん》で自治会《じちかい》の話《はな》しあいがおこなわれる。

登下校《とうげこう》の交通当番《こうつうとうばん》についての話《はな》しあいがあった。

生《い》け花教室《ばなきょうしつ》。

こどもたちに人気《にんき》の英会話教室《えいかいわきょうしつ》。

自治会館《じちかいかん》は趣味《しゅみ》のあつまりにも利用《りよう》されるほか、台風《たいふう》や地震《じしん》のときに避難所《ひなんじょ》にもなる。
おはやしの練習《れんしゅう》をするのも自治会館《じちかいかん》だ。

自治会館《じちかいかん》の利用《りよう》

自治会館《じちかいかん》のかぎは、自治会長《じちかいちょう》がもっている。利用《りよう》したいときは「自治会館利用簿《じちかいかんりようぼ》」に利用目的《りようもくてき》と責任者《せきにんしゃ》の名《な》まえをかいてかぎをかりる。利用《りよう》したあとは、あとかたづけとそうじをしてからかぎをかえす。冷暖房《れいだんぼう》もあって、電気代《でんきだい》や水道代《すいどうだい》などは各家からあつめた自《じ》治会費《ちかいひ》でしはらう。会館《かいかん》なら夜《よる》おそくまでつかっても、当番《とうばん》の家《いえ》にめいわくをかけることはない。

月《つき》に一度《いちど》、地区《ちく》の組《くみ》が順番《じゅんばん》に会《かい》館《かん》のそうじをする。「みんなでつかう会館《かいかん》を、みんなできれいにするのはあたりまえ」ってお母《かあ》さんがいっていた。そうじのあとは、みんなでお茶《ちゃ》をのみながら、おしゃべりをするのが楽《たの》しみなんだって。

回覧板《かいらんばん》と掲示板《けいじばん》

チエちゃんが学校《がっこう》からかえると、おとなりのおばあさんが回覧板《かいらんばん》をもってきた。回覧板《かいらんばん》には、来月《らいげつ》の自治会《じちかい》の防災訓練《ぼうさいくんれん》のお知《し》らせがはさんである。チエちゃんはお知《し》らせを1枚《まい》とると、こんどは左《ひだり》どなりの家《いえ》に回覧板《かいらんばん》をもっていった。

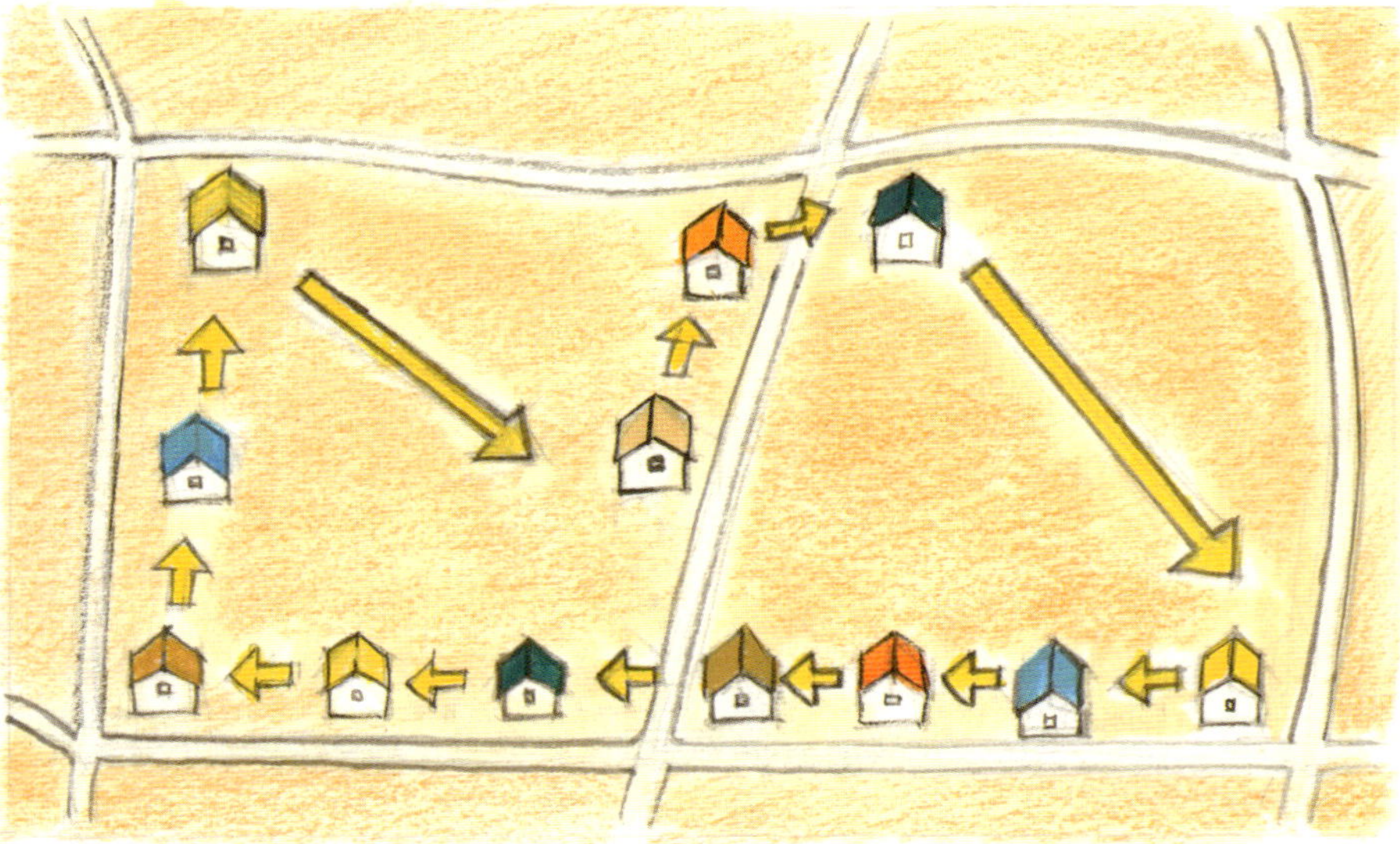

回覧板《かいらんばん》は組《くみ》ごとにまわす。→の順《じゅん》にまわして組《くみ》をひとめぐりする。

回覧板《かいらんばん》は、うちがわのバインダーにお知《し》らせをはさむ厚紙《あつがみ》やプラスチックでできたファイル。

回覧板《かいらんばん》の役目《やくめ》

自治会《じちかい》は、市役所《しやくしょ》からのお知《し》らせや地区《ちく》の行事《ぎょうじ》、自治会館《じちかいかん》である講習会《こうしゅうかい》の募集《ぼしゅう》など、地区《ちく》にすむ人《ひと》たちにいろいろな連絡《れんらく》をする。緊《きん》急《きゅう》のときは連絡網《れんらくもう》で電話《でんわ》することもあるが、電話《でんわ》がない時代《じだい》は「いいつぎ」といって伝言《でんごん》ゲームのように家《いえ》から家《いえ》へと人《ひと》がつたえていく方法《ほうほう》もあった。

内容《ないよう》をしっかりつたえるため、ふだんはお知《し》らせを書《か》いた紙《かみ》を回《かい》覧板《らんばん》にはさんで各家《かくいえ》にまわして連《れん》絡《らく》をする。「見《み》ました」ということがわかるように、家《いえ》の人《ひと》が印《いん》かんをおすようになっていることが多《おお》い。回覧板《かいらんばん》は地区全体《ちくぜんたい》だとまわるのに時間《じかん》がかかるので、組《くみ》ごとにまわすきまりになっていて、順《じゅん》序《じょ》もきまっている。

掲示板《けいじばん》には地区《ちく》の人《ひと》が生活《せいかつ》するために必要《ひつよう》な情報《じょうほう》がたくさんはられている。

便利《べんり》な掲示板《けいじばん》

チエちゃんのすむ玉川町《たまがわちょう》には、地区《ちく》のいくつかの場所《ばしょ》に掲示板《けいじばん》がたっている。自治会長《じちかいちょう》が、地区の人《ひと》たちへのお知《し》らせを、ぜんぶの掲示板《けいじばん》にはる。たとえば、地区《ちく》でなくなった人《ひと》がいたとき、掲示板《けいじばん》にお葬式《そうしき》の場所《ばしょ》や時間《じかん》を書《か》いた紙《かみ》をはりだす。掲示板《けいじばん》にはるとすぐにたくさんの人《ひと》に見《み》てもらえるから、連絡先《れんらくさき》を知《し》らない知《し》り合《あ》いにも知《し》らせることができるので、とても便利《べんり》だ。

地区《ちく》の人《ひと》たちは、たすけあってくらしている。いまではメールやインターネットで連絡《れんらく》をすることも多《おお》くなったが、必要《ひつよう》な情報《じょうほう》をみんなが知《し》ることができるように、いくつもの方法《ほうほう》で連絡《れんらく》することがたいせつなんだ。

消防団《しょうぼうだん》

チエちゃんのお父《とう》さんは、近所《きんじょ》の家《いえ》のおじさんたちと消防団《しょうぼうだん》にはいっている。ふだんはそれぞれ仕事《しごと》をしているけど、災害《さいがい》のときは消防団員《しょうぼうだんいん》として活《かつ》やくする。消火訓練《しょうかくんれん》や消火《しょうか》ホースの点検《てんけん》もして安全《あんぜん》をまもっている。

消防団《しょうぼうだん》は市内《しない》にいくつもあり、それぞれ「第《だい》○分団《ぶんだん》」とよばれ、分団《ぶんだん》ごとに詰所《つめしょ》がある。最初《さいしょ》に消防署《しょうぼうしょ》から消防車《しょうぼうしゃ》が出《しゅつ》動《どう》するが、分団《ぶんだん》の詰所《つめしょ》からも出動《しゅつどう》する。

消防団員《しょうぼうだんいん》の制服《せいふく》とハッピ。ハッピの背中《せなか》に地区《ちく》の名《な》まえが書《か》かれている。火《ひ》に近《ちか》づいてもだいじょうぶな消防服《しょうぼうふく》のない時代《じだい》は、ハッピを着《き》て、頭《あたま》から水《みず》をかぶって消火《しょうか》にあたった。

地区《ちく》の消防団《しょうぼうだん》

火災《かさい》や水害《すいがい》、地震《じしん》などの災害《さいがい》にそなえ、全国《ぜんこく》に消防署《しょうぼうしょ》があり消防《しょうぼう》隊員《たいいん》がいる。これとはべつに、地区《ちく》には地区《ちく》の人《ひと》たちでつくっている消防団《しょうぼうだん》がある。自分《じぶん》たちの町《まち》を自分《じぶん》たちでまもるためだ。消防《しょうぼう》の仕事《しごと》はきけんなのでわかい人《ひと》が中《ちゅう》心《しん》になるが、団長《だんちょう》はベテランの40歳《さい》をすぎた人《ひと》がなる。たとえ仕事《しごと》のとちゅうでも、火事《かじ》があると消《しょう》防服《ぼうふく》に着《き》がえて消防車《しょうぼうしゃ》にのって出《しゅつ》動《どう》する。火事《かじ》だけでなく、川《かわ》の水《みず》があふれそうなときにも消防団員《しょうぼうだんいん》は活《かつ》やくする。

最近《さいきん》は女性《じょせい》の団員《だんいん》もふえてきて、ひとりぐらしのお年寄《としよ》りの家《いえ》に防《ぼう》火設備《かせつび》がととのっているかを確認《かくにん》したり、災害《さいがい》がおきたときに救援《きゅうえん》が必要《ひつよう》な人《ひと》を調《しら》べたりする。

小学校《しょうがっこう》での救命講習会《きゅうめいこうしゅうかい》と消火器《しょうかき》での消火訓練《しょうかくんれん》。

消防《しょうぼう》ポンプによる放水訓練《ほうすいくんれん》もたいせつだ。

搬送車《はんそうしゃ》と消防《しょうぼう》ポンプ自動車《じどうしゃ》。消防車《しょうぼうしゃ》にはさまざまなタイプがある。

消防団《しょうぼうだん》の仕事《しごと》

消防団《しょうぼうだん》の人《ひと》たちは、専門《せんもん》の消防士《しょうぼうし》ではないが、火事《かじ》のときにはきけんな場所《ばしょ》にいかなくてはならない。そのために毎月《まいつき》、日《ひ》をきめて消防車《しょうぼうしゃ》の整備《せいび》と消防《しょうぼう》の訓練《くんれん》をする。いざというとき消防車《しょうぼうしゃ》が動《うご》かないとこまるからだ。

また、消防団《しょうぼうだん》の人《ひと》たちは、冬《ふゆ》、暖房《だんぼう》に火《ひ》をつかうようになると、地区《ちく》をまわって「火《ひ》の用心《ようじん》」をよびかける。とくに正月《しょうがつ》まえには、みんなが楽《たの》しい正月《しょうがつ》をむかえられるように、毎晩《まいばん》パトロールをつづけている。なにもおきない日《ひ》がつづいていても、油断《ゆだん》しないことがたいせつだ。

このほか、消防団《しょうぼうだん》の人《ひと》たちは、小学校《しょうがっこう》での消火訓練《しょうかくんれん》や救命講習《きゅうめいこうしゅう》の先生《せんせい》になることもある。

こども会《かい》

チエちゃんはこども会《かい》にはいっている。玉川町《たまがわちょう》のこどもは、小学生《しょうがくせい》になるとこども会《かい》のなかまにはいる。毎朝《まいあさ》、自治会館《じちかいかん》のまえに集合《しゅうごう》して集団登校《しゅうだんとうこう》するのも、こども会《かい》のなかまといっしょだ。夏《なつ》にはバーベキュー、冬《ふゆ》はクリスマス会《かい》などの行事《ぎょうじ》もある。

サイノカミさん。「道祖神《どうそじん》」と文字《もじ》がほられたものや、神《かみ》さまがふたりならんだものがある。

1月《がつ》15日《にち》がちかくなると、こどもたちが正月《しょうがつ》のかざりをあつめて、サイノカミさんのまわりにおいておく。

こども会《かい》のお祭《まつ》り

古《ふる》くからつたわる地域《ちいき》のお祭《まつ》りは、こども会《かい》のこどもたちにまかされていることが多《おお》いんだ。

たとえば「サイノカミさん」の行事《ぎょうじ》。この石《いし》の神《かみ》さまはこどもたちがまつることが多《おお》い。正月《しょうがつ》がすぎると、こどもたちは家《いえ》いえから門松《かどまつ》など正月《しょうがつ》のかざりをあつめる。そして、1月《がつ》14日《か》か15日《にち》におとなにつきそってもらってサイノカミさんのまえでいっせいにもやす。この火《ひ》は地域《ちいき》の人《ひと》たちの厄《やく》ばらいになるし、この火《ひ》でだんごやもちをあぶって食《た》べると風邪《かぜ》をひかないともいわれている。とりしきるのは「大将《たいしょう》」とよばれる6年《ねん》生《せい》。責任重大《せきにんじゅうだい》だ。必要《ひつよう》な買《か》いものやあつまったおさいせんをわけるのも大将《たいしょう》の役目《やくめ》。

安全《あんぜん》に登校《とうこう》できるように上級生《じょうきゅうせい》が下級生《かきゅうせい》をリードする集団登校《しゅうだんとうこう》。

自治会館《じちかいかん》でおこなわれる「新《しん》1年生《ねんせい》をむかえる会《かい》」と「6年生《ねんせい》を送《おく》る会《かい》」。

こども会《かい》のバザー。保護者《ほごしゃ》がいろいろな品《しな》をもちよる。

こども会《かい》のなかま

こども会《かい》は、小学《しょうがく》1年生《ねんせい》から6年生《ねんせい》までのこどもたちがなかま。そのため小学校《しょうがっこう》と関係《かんけい》のある行事《ぎょうじ》も多《おお》い。入学《にゅうがく》したばかりの1年生《ねんせい》を上級生《じょうきゅうせい》がしっかりとリードして登校《とうこう》する集団登校《しゅうだんとうこう》もそのひとつ。小学校《しょうがっこう》へ入学《にゅうがく》する子《こ》、卒業《そつぎょう》する子《こ》のお祝《いわ》いの会《かい》もある。新《あたら》しくこども会《かい》にはいるこどもたちは、みんなに紹介《しょうかい》されてちょっとはずかしそう。小学校《しょうがっこう》を卒業《そつぎょう》する6年生《ねんせい》は、少《すこ》しさびしそうな顔《かお》をしている。

こども会《かい》には保護者《ほごしゃ》も協力《きょうりょく》する。バザーをひらいて、売《う》りあげをこども会《かい》の資金《しきん》にする。この地区《ちく》で成長《せいちょう》するこどもたちのために、おとなたちはたくさん協力《きょうりょく》してくれている。地区《ちく》をあげてこどもたちを見《み》まもっているんだ。

老人会《ろうじんかい》

チエちゃんのおじいちゃんとおばあちゃんは、地区《ちく》の65歳以上《さいいじょう》の人《ひと》たちがはいる老人会《ろうじんかい》の会員《かいいん》だ。会《かい》の人《ひと》たちは時間《じかん》によゆうがあるので、月《つき》に何度《なんど》かあつまったり、旅行《りょこう》したり、こどもたちの見《み》まもり隊《たい》をしたりと活動的《かつどうてき》だ。

いろんなおかずをもちよって楽《たの》しむ老人会《ろうじんかい》の花見《はなみ》。

老人会《ろうじんかい》の見《み》まもり隊《たい》。毎朝《まいあさ》、通学路《つうがくろ》の横断歩道《おうだんほどう》に黄色《きいろ》い旗《はた》をもって、かわりばんこにたってくれている。

あれ放題《ほうだい》だった駅前《えきまえ》の花《か》だんも、老人会《ろうじんかい》がきれいにしてくれた。いまでは、色《いろ》とりどりの花《はな》がさく。

老人会《ろうじんかい》の役目《やくめ》

老人会《ろうじんかい》では、花見《はなみ》やバス旅行《りょこう》などいろんな行事《ぎょうじ》がある。健康《けんこう》のために、公園《こうえん》にあつまってラジオ体操《たいそう》や太極拳《たいきょくけん》をすることもある。このほか、お年寄《としよ》りは経験《けいけん》と知恵《ちえ》をいかして、地区《ちく》のいろいろな仕事《しごと》をしてくれている。

こどもたちの登下校《とうげこう》では、交通《こうつう》安全《あんぜん》のために道路《どうろ》にたって「見《み》まもり隊《たい》」になっている。こどもたちに「おはよう」と声《こえ》をかけ、あいさつのたいせつさを教《おし》えている。顔《かお》と名《な》まえをおぼえてくれているお年寄《としよ》りは、こどもたちの強《つよ》い味方《みかた》だ。

地区《ちく》の美化活動《びかかつどう》も老人会《ろうじんかい》がすすんでやっている。駅前《えきまえ》できれいな花《はな》をさかせているパンジーも老人《ろうじん》会《かい》が植《う》えてくれたんだ。

自治会館《じちかいかん》の調理室《ちょうりしつ》で、わかいお母《かあ》さんたちが自家製《じかせい》みそのつくりかたを教《おし》えてもらっている。
これは「みそだま」。やわらかくにたダイズをつぶし、麹《こうじ》と塩《しお》をまぜてボール状《じょう》にしたもの。

老人会《ろうじんかい》による郷土博物館《きょうどはくぶつかん》での「民話《みんわ》の会《かい》」

博物館《はくぶつかん》に再現《さいげん》されたむかしのくらしを、老人会《ろうじんかい》のボランティアで説明《せつめい》してくれることも。
これは氷冷蔵庫《こおりれいぞうこ》で、上段《じょうだん》に大《おお》きな氷《こおり》をいれ、下段《げだん》に食《た》べものをいれてひやすという。

地区《ちく》の文化《ぶんか》をつたえる

老人会《ろうじんかい》では、自治会館《じちかいかん》で「郷土《きょうど》食《しょく》」の料理教室《りょうりきょうしつ》もひらいている。料理《りょうり》のじょうずなおばあさんが先生《せんせい》になって、近《ちか》くの山《やま》でとれたタケノコのおいしいにかたや、自家製《じかせい》みそのつくりかたなどをていねいに教《おし》えてくれる。生徒《せいと》のわかいお母《かあ》さんたちは、料理《りょうり》を教《おそ》わりながら、いろんな相談《そうだん》をすることもあるそうだ。

お年寄《としよ》りのなかには、この地区《ちく》の民話《みんわ》をたくさん知《し》っている人《ひと》もいて、郷土博物館《きょうどはくぶつかん》の「民話《みんわ》の会《かい》」でお話《はなし》をしてくれる。こどもたちは、知《し》っている場所《ばしょ》でおこった話《はなし》をわくわくしながらきいている。こんなふうに、老人会《ろうじんかい》の人《ひと》たちはさまざまなことを教《おし》えてくれるんだ。

歴史《れきし》・くらし・祭《まつ》り

国立歴史民俗博物館《こくりつれきしみんぞくはくぶつかん》（千葉県佐倉市《ちばけんさくらし》）

日本列島《にほんれっとう》に人類《じんるい》があらわれた数万年前《すうまんねんまえ》から現代《げんだい》までの日本《にほん》の歴史《れきし》と文化《ぶんか》について約《やく》1万点《まんてん》の資料《しりょう》を展示《てんじ》しています。中世《ちゅうせい》の人《ひと》のくらし、江戸時代《えどじだい》の屏風《びょうぶ》、明治時代《めいじじだい》の学校《がっこう》などを実物《じつぶつ》や模型《もけい》で見《み》ることができます。こども用《よう》の館内《かんない》マップやワークシートがあります。

国立歴史民俗博物館《こくりつれきしみんぞくはくぶつかん》・外観《がいかん》

（写真提供《しゃしんていきょう》：国立歴史民俗博物館《こくりつれきしみんぞくはくぶつかん》）

住所《じゅうしょ》　〒285-8502　千葉県佐倉市城内町《ちばけんさくらしじょうないちょう》117
Tel　043-486-0123
HP　https://www.rekihaku.ac.jp/

※日本《にほん》の歴史《れきし》と文化《ぶんか》について総合的《そうごうてき》に研究《けんきゅう》・展示《てんじ》する歴史《れきし》民俗博物館《みんぞくはくぶつかん》として1983年《ねん》に開館《かいかん》。理解《りかい》しやすいように、実物資料《じつぶつしりょう》とともに正確《せいかく》なレプリカを作成展示《さくせいてんじ》している。大学協同利用機関法人《だいがくきょうどうりようきかんほうじん》として、調査研究《ちょうさけんきゅう》の推進《すいしん》をはかるとともに、大学院《だいがくいん》の設置《せっち》や資料《しりょう》・データを公開《こうかい》している。

ねぶたの家《いえ》　ワ・ラッセ（青森県青森市《あおもりけんあおもりし》）

青森《あおもり》の8月《がつ》のお祭《まつ》り「ねぶた」を体験《たいけん》できる施設《しせつ》です。「ねぶた」とは針金《はりがね》で骨組《ほねぐ》みをつくり、なかに電球《でんきゅう》をいれ、紙《かみ》をはって色《いろ》をぬることで完成《かんせい》する山車《だし》です。とても大《おお》きく、高《たか》さ5メートル、幅《はば》9メートルもあります。ほんものの「ねぶた」が4台《だい》かざってあり、つくりかたもわかります。おはやしの体験《たいけん》もできます。

ねぶた祭《まつり》で受賞《じゅしょう》したねぶたを中心《ちゅうしん》に展示《てんじ》

（写真提供《しゃしんていきょう》：ねぶたの家《いえ》　ワ・ラッセ）

住所《じゅうしょ》　〒030-0803　青森県青森市安方《あおもりけんあおもりしやすかた》1-1-1
Tel　017-752-1311
HP　http://www.nebuta.jp/warasse/

※青森市《あおもりし》の文化観光交流施設《ぶんかかんこうこうりゅうしせつ》。ねぶた祭《まつり》の歴史《れきし》や由来《ゆらい》とともに、制作《せいさく》の方法《ほうほう》や題材《だいざい》のうつりかわりなども展示《てんじ》されている。大型《おおがた》スクリーンではねぶたの運行《うんこう》のようすなど、祭《まつ》りの日《ひ》がうつしだされ、臨場感《りんじょうかん》を味《あじ》わうことができる。

ヤマサ醤油工場《しょうゆこうじょう》（千葉県銚子市《ちばけんちょうしし》）

工場《こうじょう》でしょうゆがどのようにつくられているのか、製造《せいぞう》するようすを見学《けんがく》できます。見学《けんがく》コースの最後《さいご》にあるのは、直径《ちょっけい》6メートルもある大《おお》きな桶《おけ》の模型《もけい》。なかにはいって、もろみがどのようにしょうゆになっていくのかを映像《えいぞう》で観察《かんさつ》できます。自分《じぶん》でせんべいをやき、しょうゆをぬって食《た》べることもできますよ。

むかしの道具《どうぐ》を蔵壁風《くらかべふう》のスペースに展示《てんじ》

（写真提供《しゃしんていきょう》：ヤマサ醤油《しょうゆ》）

住所《じゅうしょ》　〒288-0037　千葉県銚子市北小川町《ちばけんちょうししきたおがわちょう》2570

Tel　0479-22-9809（工場見学《こうじょうけんがく》センター）

HP　http://www.yamasa.com/enjoy/factory-visit/

※醤油工場《しょうゆこうじょう》の見学《けんがく》は事前予約制《じぜんよやくせい》。2016年《ねん》には「しょうゆ味《あじ》わい体験館《たいけんかん》」が開館《かいかん》。銚子《ちょうし》でしょうゆ造《づく》りが栄《さか》えた理由《りゆう》にかかわる展示物《てんじぶつ》、むかしのしょうゆ造《づく》りの道具《どうぐ》なども見《み》ることができる。

越前和紙《えちぜんわし》の里《さと》（福井県越前市《ふくいけんえちぜんし》）

越前和紙《えちぜんわし》の歴史《れきし》や和紙《わし》のつくりかたを学《まな》べる施設《しせつ》です。江戸時《えどじ》代中期《だいちゅうき》の紙《かみ》すき家屋《かおく》をうつしてたてなおした建物《たてもの》では、和紙職人《わししょくにん》がむかしながらの道具《どうぐ》をつかって和紙《わし》をすいているようすを見《み》ることができます。紙《かみ》すき体験《たいけん》では、おし花《はな》をすきこんだり色《いろ》をつけたりして、あなただけの和紙《わし》をつくってみてください。

伝統工芸士《でんとうこうげいし》が紙《かみ》をすくようす

（写真提供《しゃしんていきょう》：卯立《うだつ》の工芸館《こうげいかん》）

住所《じゅうしょ》　〒915-0232　福井県越前市新在家町《ふくいけんえちぜんししんざいけちょう》8-44

Tel　0778-42-1363（パピルス館《かん》）

HP　http://www.echizenwashi.jp/

※越前和紙《えちぜんわし》の里《さと》がある越前市五箇地区《えちぜんしごかちく》は、1500年《ねん》の歴史《れきし》をもつ越前和紙《えちぜんわし》の産地《さんち》として知《し》られている。越前和紙《えちぜんわし》の里《さと》では「紙《かみ》の文化博物館《ぶんかはくぶつかん》」「卯立《うだつ》の工芸館《こうげいかん》」「パピルス館《かん》」の3つの施設《しせつ》で和紙《わし》にかんする知識《ちしき》や技《わざ》にふれることができる。

匠《たくみ》の技《わざ》にふれる

竹中大工道具館《たけなかだいくどうぐかん》（兵庫県神戸市《ひょうごけんこうべし》）

むかしから日本《にほん》の職人《しょくにん》がつかってきたノコギリ、カンナなどの大工道具《だいくどうぐ》をあつめて展示《てんじ》し、道具《どうぐ》の歴史《れきし》やしくみを紹介《しょうかい》しています。手《て》づくりの見事《みごと》な建具《たてぐ》や茶室《ちゃしつ》などの実物《じつぶつ》を見《み》たり、さまざまな種類《しゅるい》の木材《もくざい》にふれたりすることもできます。こどもが参加《さんか》できる体験《たいけん》イベントをひらくこともあります。

大工道具《だいくどうぐ》がならぶ展示室《てんじしつ》

（写真提供《しゃしんていきょう》：公益財団法人竹中大工道具館《こうえきざいだんほうじんたけなかだいくどうぐかん》）

住所《じゅうしょ》　〒651-0056　兵庫県神戸市中央区熊内町《ひょうごけんこうべしちゅうおうくくもちちょう》7-5-1

Tel　078-242-0216

HP　http://dougukan.jp

※日本《にほん》で唯一《ゆいいつ》の大工道具《だいくどうぐ》の専門博物館《せんもんはくぶつかん》。きえてゆく大工道具《だいくどうぐ》を民族遺産《みんぞくいさん》として収集保存《しゅうしゅうほぞん》し、研究《けんきゅう》や展示《てんじ》をとおして後世《こうせい》につたえていくことを目的《もくてき》に1984年《ねん》に設立《せつりつ》された。木造建築《もくぞうけんちく》の歴史《れきし》や木《き》をいかす先人《せんじん》の知恵《ちえ》にふれることができる。

日本玩具博物館《にほんがんぐはくぶつかん》（兵庫県姫路市《ひょうごけんひめじし》）

おもちゃや人形《にんぎょう》の博物館《はくぶつかん》です。江戸時代《えどじだい》から現代《げんだい》までの日本《にほん》のおもちゃや人形《にんぎょう》だけでなく、世界《せかい》160か国《こく》からあつめられたおもちゃなど約《やく》9万点《まんてん》を所蔵《しょぞう》しています。つねに5000点《てん》が展示《てんじ》されているほか、季節《きせつ》ごとの展示《てんじ》もあります。おもちゃで遊《あそ》べるコーナーやおもちゃづくり教室《きょうしつ》もひらかれています。

1号館《ごうかん》の展示《てんじ》のようす

（写真提供《しゃしんていきょう》：日本玩具博物館《にほんがんぐはくぶつかん》）

住所《じゅうしょ》　〒679-2143　兵庫県姫路市香寺町中仁野《ひょうごけんひめじしこうでらちょうなかにの》671-3

Tel　079-232-4388

HP　http://www.japan-toy-museum.org/

※6棟《とう》の白壁土蔵造《しらかべどぞうづく》りの建物《たてもの》で構成《こうせい》されている。1号館《ごうかん》と6号館《ごうかん》では季節《きせつ》ごとの特別展《とくべつてん》がおこなわれ、2号館《ごうかん》には駄菓子屋《だがしや》のおもちゃや近代《きんだい》のおもちゃ、3号館《ごうかん》には手《て》まりや市松人形《いちまつにんぎょう》などの女《おんな》の子《こ》のおもちゃ、4号館《ごうかん》には日本《にほん》の郷土玩具《きょうどがんぐ》や世界《せかい》のおもちゃと人形《にんぎょう》が展示《てんじ》されている。

地域《ちいき》の知恵《ちえ》に学《まな》ぶ

川崎市立日本民家園《かわさきしりつにほんみんかえん》（神奈川県川崎市《かながわけんかわさきし》）

江戸時代《えどじだい》から昭和初期《しょうわしょき》までの古《ふる》い民家《みんか》や水車小屋《すいしゃごや》など25の建物《たてもの》が、広《ひろ》い園内《えんない》にたてられています。合掌造《がっしょうづく》りの農家《のうか》、町《まち》の商家《しょうか》、網元《あみもと》の家《いえ》、歌舞伎《かぶき》の舞台《ぶたい》、武家屋敷《ぶけやしき》の門《もん》など、その家《いえ》での人《ひと》びとのくらしを知《し》ることができます。むかし話《ばなし》や民俗芸能《みんぞくげいのう》の公演《こうえん》もあります。

雪《ゆき》の多《おお》い地方《ちほう》で見《み》られる合掌造《がっしょうづく》りの古民家《こみんか》

（写真提供《しゃしんていきょう》：川崎市立日本民家園《かわさきしりつにほんみんかえん》）

住所《じゅうしょ》　〒214-0032　神奈川県川崎市多摩区枡形《かながわけんかわさきしたまくますがた》7-1-1

Tel　044-922-2181

HP　http://www.nihonminkaen.jp/

※急速《きゅうそく》に消滅《しょうめつ》しつつある古民家《こみんか》を将来《しょうらい》にのこすことを目的《もくてき》に1967年《ねん》に開園《かいえん》した野外博物館《やがいはくぶつかん》。25の東日本《ひがしにほん》の代表的《だいひょうてき》な民家《みんか》など（国指定文化財《くにしていぶんかざい》8件《けん》）を建築当初《けんちくとうしょ》の古《ふる》いかたちで復原《ふくげん》し、公開《こうかい》している。本館展示室《ほんかんてんじしつ》では民家《みんか》にかんする基礎知識《きそちしき》を学《まな》ぶことができるほか、年間《ねんかん》2回《かい》の企画展開催《きかくてんかいさい》、季節《きせつ》の行事《ぎょうじ》、民具製作実演《みんぐせいさくじつえん》、講座《こうざ》などのイベントも開催《かいさい》。

行田市郷土博物館《ぎょうだしきょうどはくぶつかん》（埼玉県行田市《さいたまけんぎょうだし》）

行田市《ぎょうだし》に室町時代《むろまちじだい》から江戸時代《えどじだい》まであった忍城《おしじょう》という城《しろ》の本丸《ほんまる》のあとにたてられた博物館《はくぶつかん》です。市内《しない》の酒巻古墳群《さかまきこふんぐん》からでた埴輪《はにわ》もならんでいます。行田《ぎょうだ》は江戸時代《えどじだい》から足袋《たび》の生産《せいさん》で知《し》られていて、足袋《たび》の歴史《れきし》も展示《てんじ》されています。あなたの町《まち》にも町《まち》の歴史《れきし》や特産品《とくさんひん》を学《まな》ぶ郷土《きょうど》の博物館《はくぶつかん》があれば、いってみましょう。

行田《ぎょうだ》の歴史《れきし》と文化《ぶんか》を学《まな》べる常設展示室《じょうせつてんじしつ》

（写真提供《しゃしんていきょう》：行田市郷土博物館《ぎょうだしきょうどはくぶつかん》）

住所《じゅうしょ》　〒361-0052　埼玉県行田市本丸《さいたまけんぎょうだしほんまる》17-23

Tel　048-554-5911

HP　https://www.city.gyoda.lg.jp/kyoiku/iinkai/sisetu/hakubutukan.html

※ここでは行田市《ぎょうだし》の郷土博物館《きょうどはくぶつかん》をとりあげたが、どの町《まち》にも博物館《はくぶつかん》、資料館《しりょうかん》、郷土館《きょうどかん》などの名称《めいしょう》で、その町《まち》の歴史《れきし》やむかしのくらし、特産品《とくさんひん》などの展示《てんじ》をしている施設《しせつ》がある。むかし遊《あそ》びなどの体験《たいけん》ができる施設《しせつ》も多《おお》い。

【読《よ》んでみよう】

日本《にほん》の知恵《ちえ》についてもっと知《し》りたい人《ひと》のための読書《どくしょ》ガイドです。わたしたちの祖先《そせん》がむかしからずっと食《た》べてきた和食《わしょく》のつくりかたを書《か》いた本《ほん》、家《いえ》のたてかた、畳《たたみ》やお風呂《ふろ》について教《おし》えてくれる本《ほん》があります。稲作《いなさく》や漁業《ぎょぎょう》など少《すこ》しむかしのくらしについて知《し》ることもできます。みなさんのおじいさんおばあさんがこどもだったころの話《はなし》やむかし話《ばなし》を楽《たの》しむこともできます。15冊《さつ》のうち、書店《しょてん》で買《か》えない本《ほん》もあります。まずは図書館《としょかん》でさがしてみてください。

干《ほ》し柿《がき》

●著者 西村豊 ●写真 西村豊 ●あかね書房 ●2006年

柿《かき》にはあまい柿《かき》としぶい柿《かき》があります。しぶい柿《かき》はそのままではおいしくありません。むかしの人《ひと》はしぶい柿《かき》をおいしくする方法《ほうほう》を見《み》つけました。柿《かき》の皮《かわ》をむき、日《ひ》にほします。のき下《した》につるされた柿《かき》は、太陽《たいよう》や風《かぜ》の力《ちから》でだんだん小《ちい》さくしぼみ、あまくなっていきます。柿《かき》はかわいてくると光《ひかり》を通《とお》すので、とてもきれいです。ときどき実《み》を指《ゆび》でもみ、しぶがぬけやすくします。1か月半《げつはん》から2か月《げつ》がたちました。干《ほ》し柿《がき》のできあがりです。

しょうたとなっとう

●著者 星川ひろ子　星川治雄 ●写真 星川ひろ子　星川治雄 ●原案・監修 小泉武夫 ●ポプラ社 ●2003年

しょうたはおじいちゃんとダイズのタネをまきました。夏《なつ》にはおいしい枝豆《えだまめ》ができました。秋《あき》になるとかれてしまいましたが、さやのなかにはまいたのとおなじダイズがいっぱいはいっていました。おじいちゃんはダイズをお日《ひ》さまでかわかして、ゆでてから稲《いね》のわらでつつみ、もみがらの山《やま》にうずめました。2日間《かかん》まって、わらのつつみをあけてみると……納豆《なっとう》！　わらのなかにすんでいる納豆菌《なっとうきん》がダイズを納豆《なっとう》に変身《へんしん》させていました。

かき氷《ごおり》　天然氷《てんねんごおり》をつくる　〈ちしきのぽけっと〉

●著者 伊地知英信 ●写真 細島雅代 ●岩崎書店 ●2015年

埼玉県《さいたまけん》の長瀞《ながとろ》にある阿左美《あさみ》さんの家《いえ》では、むかしながらの方法《ほうほう》で氷《こおり》をつくっています。山《やま》の谷間《たにま》にある池《いけ》に水《みず》をひき、自然《しぜん》のさむさでゆっくりと水《みず》をこおらせます。毎日何度《まいにちなんど》も氷《こおり》の上《うえ》の落《お》ち葉《ば》や雪《ゆき》をはき、せわをします。気温《きおん》が急《きゅう》にあがったり雨《あめ》がふったりすると、氷《こおり》は白《しろ》くやわらかくなってしまい、水《みず》をはるところからやりなおしです。こおりはじめてから20日《はつか》くらいたち、氷《こおり》の厚《あつ》さが15センチをこえるといよいよ氷《こおり》の切《き》りだしです。

しらかわのみんか 合掌造《がっしょうづく》りのできるまで

●著者 島田アツヒト ●絵 島田アツヒト ●監修 川島宙次 ●小峰書店 ●2002年

岐阜県《ぎふけん》白川村《しらかわむら》近《ちか》くに合掌造《がっしょうづく》りというめずらしい民家《みんか》があります。大《おお》きな屋根《やね》があって、屋根裏《やねうら》はカイコをかうためのへやになっています。この大《おお》きな家《いえ》は大工《だいく》さんだけではなく、村《むら》の人《ひと》たちみんなが協力《きょうりょく》して半年《はんとし》くらいかけてたてられます。春《はる》のはじめに山《やま》から木《き》を切《き》りだし、切《き》った木《き》は雪《ゆき》の上《うえ》をすべらせてはこびます。家《いえ》の土台石《どだいいし》をうちこむイシバカチの日《ひ》は、村《むら》じゅうの人《ひと》たちがあつまって、まるでお祭《まつ》りみたいです。

絵《え》で見《み》るおふろの歴史《れきし》

●著者 菊地ひと美 ●絵 菊地ひと美 ●講談社 ●2009年

平安時代《へいあんじだい》のお姫《ひめ》さまはどんなおふろにはいっていたのでしょう？ 秀吉《ひでよし》は？ 江戸時代《えどじだい》には人《ひと》のあつまる場所《ばしょ》にふろおけをはこんでいって、そこでお湯《ゆ》をわかしておふろにいれる商《しょう》売《ばい》があったそうです。ふつうの人《ひと》の家《いえ》におふろがあるようになったのは昭和《しょうわ》30年代《ねんだい》からです。それまではみんなおふろ屋《や》さんにいきました。おふろの歴史《れきし》を見《み》ると、むかしの人《ひと》のくらしぶりがわかります。

たたみのはなし 〈人間《にんげん》の知恵《ちえ》〉

●著者 山口泰子 ●絵 加藤英夫 ●さ・え・ら書房 ●1985年

たたみはさわってみるとかたいのですが、しりもちをついてもいたくありません。冬《ふゆ》はあたたかく、夏《なつ》はさらりとすずしいしきものです。たたみがうまれたのは平安時代《へいあんじだい》といわれています。板張《いたば》りの広《ひろ》いへやのすきなところにたたみをおきました。そして、お客《きゃく》さまをまねく日《ひ》や神《かみ》さまをまつる儀《ぎ》式《しき》の日《ひ》になると、たたみのおきかたをそのつどかえていました。わたしたちがいすをおくように、むかしの人《ひと》たちはたたみをつかっていたのです。

草《くさ》と木《き》で包《つつ》む 〈たくさんのふしぎ傑作集《けっさくしゅう》〉

●著者 U・G・サトー ●絵 U・G・サトー ●写真 後藤九 酒井道一 ●福音館書店 ●2014年

わたしたちの祖先《そせん》は、身近《みぢか》にある草《くさ》や木《き》をつかって食《た》べるものをつつんできました。ひな祭《まつ》りのころに食《た》べるさくらもちは桜《さくら》の葉《は》につつまれていますね。新潟県《にいがたけん》の越後地方《えちごちほう》には、「笹《ささ》あめ」というお菓子《かし》があります。笹《ささ》の葉《は》に水《みず》あめをたらしてかたまったら、半《はん》分《ぶん》にたたんでできあがり。笹《ささ》の葉《は》にはペクチンという成分《せいぶん》があって、つつまれた食《た》べものはくさりにくくながもちするのです。つつんだ葉《は》からあめをはがしてしゃぶると、笹《ささ》のいいかおりがしますよ。

田《た》んぼの学校《がっこう》へいってみよう〈アジアの道案内《みちあんない》〉

●著者 筒江薫 ●写真 筒江薫 ●玉川大学出版部 ●2018年

米《こめ》はどうやってつくられるのでしょう? 栃木県那須塩原市《とちぎけんなすしおばらし》には「田《た》んぼの学校《がっこう》」があります。実際《じっさい》に米《こめ》をつくりながら、田《た》んぼについて学《まな》べるところです。むかしから人《ひと》びとは、米《こめ》がたくさんとれるよう神《かみ》さまにいのるお祭《まつ》りをひらいてきました。秋《あき》には、鳥《とり》たちにたいせつなイネをすっかり食《た》べられてしまわないようにカカシをつくります。「田《た》んぼの学校《がっこう》」の1年間《ねんかん》を見《み》てみると、米《こめ》のつくりかただけではなくむかしの人《ひと》のくらしもわかってきます。

町《まち》のけんきゅう 世界一《せかいいち》のけんきゅう者《しゃ》になるために

●著者 岡本信也 岡本靖子 ●絵 岡本信也 岡本靖子 伊藤秀男 ●福音館書店 ●2000年

商店街《しょうてんがい》にはたくさんの食《た》べもの屋《や》さんがあります。食《た》べもの屋《や》さんのショー・ウインドーを調《しら》べると、いろいろなカレーライスがあることがわかりました。はんじゅく卵《たまご》がのったカレー、カレーとごはんがべつのお皿《さら》にのっているカレー。カレーラーメンやコロッケカレーそばもありました。わかったことは「フィールド・カード」に書《か》いていきます。カードをたくさんあつめれば、あなたも世界一《せかいいち》のけんきゅう者《しゃ》です。

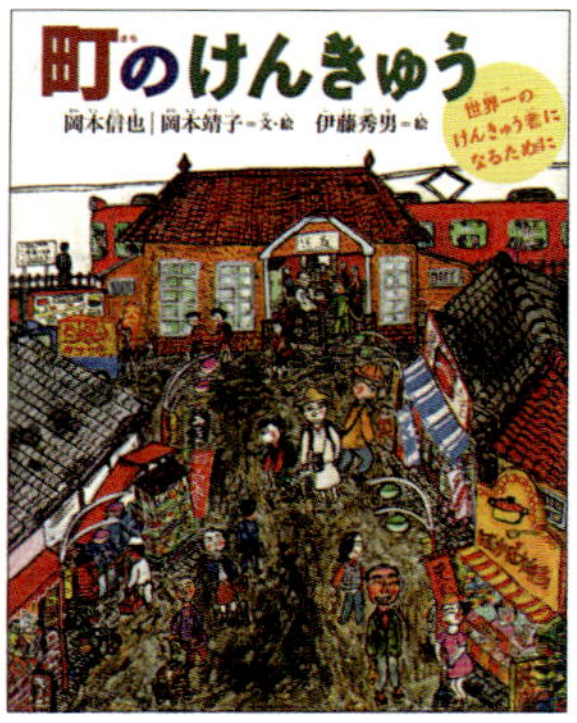

おじいちゃんは水《みず》のにおいがした

●著者 今森光彦 ●写真 今森光彦 ●偕成社 ●2006年

三五郎《さんごろう》さんは琵琶湖《びわこ》のほとりにすむ漁師《りょうし》です。春《はる》は漁《りょう》の季節《きせつ》。小《ちい》さな木舟《きぶね》にのりこむと、長《なが》い竹《たけ》の棒《ぼう》をつかって、すいーっと川《かわ》のなかにこぎだしていきます。「もんどり」というあみでつくったしかけを川《かわ》にいれておきます。それをひきあげて、なかにはいっている魚《さかな》をつかまえるのです。えさはいりませんが、魚《さかな》が通《とお》る道《みち》を知《し》らなくてはとれません。三五郎《さんごろう》さんは「もんどりをしかけんのは、魚《さかな》との知恵《ちえ》くらべや」といつもいいます。

アイヌネノアンアイヌ〈たくさんのふしぎ傑作集《けっさくしゅう》〉

●著者 萱野茂 ●絵 飯島俊一 ●福音館書店 ●1992年

北海道《ほっかいどう》のアイヌのコタン(村《むら》)にうまれそだった萱野《かやの》さんが、こども時代《じだい》の遊《あそ》びやくらしを話《はな》してくれます。春《はる》は花《はな》をつんだり、夏《なつ》は川原《かわら》でフキをつかって小屋《こや》をたてたり。冬《ふゆ》はそり遊《あそ》びにむちゅうになりました。冬《ふゆ》の夕方《ゆうがた》、こごえきってなきながらかえると、母《かあ》さんが冷《ひ》えきった手《て》をふところにいれてあたためてくれました。家族《かぞく》そろっていろりをかこんだあたたかい夕飯《ゆうはん》がすむと、おばあさんがふとんにつれていってウエペケレ(むかし話《ばなし》)を語《かた》ってくれるのです。

テングの生活図鑑《せいかつずかん》〈ヒサクニヒコの不思議図鑑《ふしぎずかん》〉

●著者 ヒサクニヒコ ●絵 ヒサクニヒコ ●国土社 ●1995年

天狗《てんぐ》は2種類《しゅるい》います。まっ赤《か》な顔《かお》に高《たか》い鼻《はな》、羽《は》うちわをもつのは大天狗《おおてんぐ》。大天狗《おおてんぐ》はうらない、祭《まつ》りをおこない、ふしぎな力《ちから》をもっています。りっぱな羽《はね》をつけていても空《そら》はとべません。いっぽう、カラス天狗《てんぐ》とよばれる一《いち》族《ぞく》にはくちばしと羽《はね》があり、赤《あか》ちゃんから年寄《としよ》りまで、山《やま》のなかで村《むら》をつくってくらしています。大天狗《おおてんぐ》は、カラス天狗《てんぐ》たちの尊敬《そんけい》をあつめ、一族《いちぞく》をまとめています。この本《ほん》では、天狗《てんぐ》たちがどんな家《いえ》にすみ、なにを食《た》べているか教《おし》えてくれます。

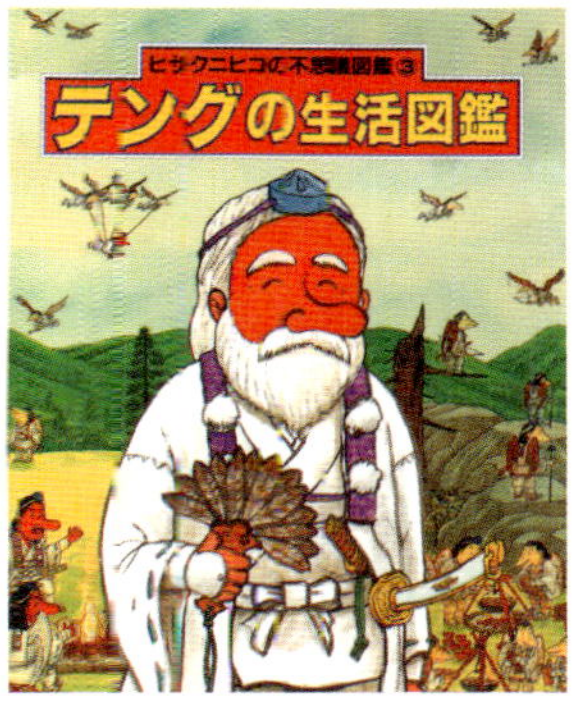

日本《にほん》のむかしばなし

●著者 瀬田貞二 ●絵 瀬川康男 梶山俊夫 ●のら書店 ●1998年

日本《にほん》のむかしばなしが13話《わ》はいっています。むかしばなしは、だれがつくったと知《し》れず、長《なが》いあいだ語《かた》りつたえられてきました。おじいさんやおばあさんが、小《ちい》さいころきいた話《はなし》をこどもや孫《まご》にきかせ、その子《こ》が大《おお》きくなって自分《じぶん》のこどもにきかせるというふうにしてつたわってきました。たくさんの人《ひと》びとがおもしろがった話《はなし》がいまにのこりました。「花《はな》さかじい」「ねずみのすもう」「三《さん》まいのおふだ」など声《こえ》にだして楽《たの》しんでください。

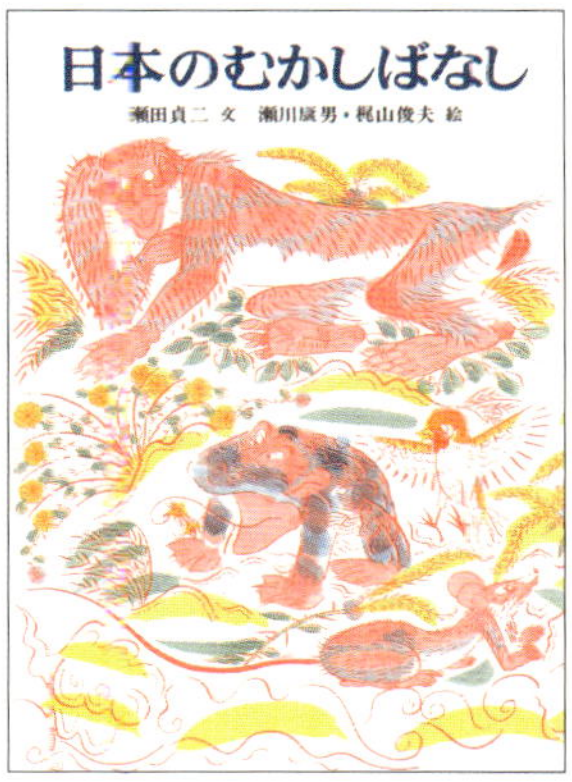

やまのたけちゃん〈岩波《いわなみ》の子《こ》どもの本《ほん》〉

●著者 石井桃子 ●絵 深沢紅子 ●岩波書店 ●1959年

たけちゃん、よっちゃん、てるちゃんが学校《がっこう》からかえってくると、おばあさんが布《ぬの》で「からすおどし」をつくっていました。カラスたちが苗代《なわしろ》のタネをつつくからです。そこで3人《にん》はもっとこわいものをつくることにしました。キツネの絵《え》をかいて、田《た》んぼにぶらさげたのです。つぎの日《ひ》、やっぱりカラスはやってきました。3人《にん》は、もっとこわい天狗《てんぐ》の絵《え》をかきました。カラスはこなくなるでしょうか？ 60年前《ねんまえ》のお話《はなし》です。

ひなの市《いち》

●著者 三谷亮子 ●絵 菊池恭子 ●教育画劇 ●1997年

あしたは桃《もも》の節供《せっく》です。わかなは、おばあちゃんやお母《かあ》さんお姉《ねえ》ちゃんといっしょに、おひなさまをかざりました。夜《よる》、わかなは三人官女《さんにんかんじょ》のひとりにおこされました。神社《じんじゃ》のひなの市《いち》につれていってくれるというのです。おひなさまたちはそこで髪《かみ》をゆったり、おしろいや紅《べに》やせんすを買《か》ったり、お香《こう》をつくってもらったりするのです。この町《まち》では、女《おんな》の子《こ》は一生《いっしょう》に一度《いちど》だけひなの市《いち》にいけるのです。

監修者

小原芳明

（おばら・よしあき）

1946年生まれ。米国マンマス大学卒業、スタンフォード大学大学院教育学研究科教育業務・教育政策分析専攻修士課程修了。1987年、玉川大学文学部教授。1994年より学校法人玉川学園理事長、玉川学園園長、玉川大学学長。おもな著書に『教育の挑戦』（玉川大学出版部）など。

編　者

小川直之

（おがわ・なおゆき）

1953年生まれ。國學院大學文学部文学科卒業。國學院大學教授。博士（民俗学）。インド、ジャワハルラル・ネルー大学客員教授などを歴任し、中国、南開大学客員教授を兼務。日本を中心にアジアの民俗文化の研究を行う。おもな著書に『摘田稲作の民俗学的研究』（岩田書院）、『折口信夫・釋迢空　その人と学問』（おうふう）、『日本の歳時伝承』（角川ソフィア文庫）など。
第2章「年中行事」、第4章「生きていくための仕事」、第5章「家と人のつながり」

服部比呂美

（はっとり・ひろみ）

國學院大學大学院博士課程後期修了。國學院大學准教授。博士（民俗学）。国際子ども図書館調査員、渋谷区郷土博物館・文学館学芸員などを経て現職。子どもの民俗行事を中心に研究を行う。おもな著書に『子ども集団と民俗社会』（岩田書院）、『暮らしに息づく伝承文化』（幻冬舎）など。
第1章「こどもの成長」、第2章「年中行事」

画　家

髙桑幸次

（たかくわ・こうじ）

保育園で絵と工作を教えるかたわら、絵本や児童書のイラストを手がける。おもなイラスト作品に、絵本『くませんせいがねているうちに』（ハッピーオウル社）、児童書『メリサンド姫　むてきの算数！』（小峰書店）、『小さな小さな七つのおはなし』（日本標準）など。
第3章、第4章、カバー

合田洋介

（ごうだ・ようすけ）

東京生まれ。武蔵野美術大学油絵学科卒業。1999年ボローニャ国際絵本原画展入選、2000年サロン・デュ・リーブル・ド・ジュネス装丁画コンクール（フランス）入選。以後、児童書のイラストレーションを中心に制作をつづける。
第1章、第2章、第5章

執筆者（50音順）

入江英弥

（いりえ・ひでや）

東京都生まれ。弘前学院大学大学院文学研究科准教授。専門は伝承文学と民俗学。文学と民俗学の両面から、ヤマトタケル、源頼朝などを主人公とする英雄伝承や、オトタチバナヒメ伝承の研究を行っている。一つ目小僧の研究にも取り組んでいる。
第2章「年中行事」

神　かほり

（じん・かほり）

東京都立大学人文学部卒。日本民俗学会会員。日本民具学会会員。八王子市郷土資料館学芸員を経て、現在は東京都多摩地域を拠点に民俗学研究を行う。共著に『多摩民具事典』（たましん地域文化財団）、『新八王子市史　民俗編』（八王子市）など。
第4章「生きていくための仕事」

宮本八惠子

（みやもと・やえこ）

1954年生まれ。武蔵野美術大学造形学部卒業。日本民具学会会員。民具・民俗の調査や絣織りの復元を行う。おもな著書に『所沢飛白』（私家版）、『いまに伝える　農家のモノ・人の生活館』（柏書房）、『日本の民俗11　物づくりと技』（吉川弘文館）など。
第3章「着る・食べる・すむ」

玉川百科こども博物誌プロジェクト（50音順）

大森　恵子（学校司書）
川端　拡信（学校教員）
菅原　幸子（書店員）
菅原由美子（児童館員）
杉山きく子（公共図書館司書）
髙桑　幸次（画家・幼稚園指導）
檀上　聖子（編集者）
土屋　和彦（学校教員）
服部比呂美（学芸員）
原田佐和子（科学あそび指導）
人見　礼子（学校教員）
増島　高敬（学校教員）
森　　貴志（編集者）
森田　勝之（大学教員）
渡瀬　恵一（学校教員）

＊　＊　＊

「いってみよう」「読んでみよう」作成

青木　淳子（学校司書）
大森　恵子
杉山きく子

＊　＊　＊

装　丁：辻村益朗
協　力：オーノリュウスケ（Factory701）

玉川百科こども博物誌事務局（編集・制作）：株式会社 本作り空 Sola

玉川百科《たまがわひゃっか》こども博物誌《はくぶつし》

日本《にほん》の知恵《ちえ》をつたえる

2018年9月20日　初版第1刷発行

監修者　小原芳明
編　者　小川直之・服部比呂美
画　家　髙桑幸次・合田洋介
発行者　小原芳明
発行所　玉川大学出版部
〒194-8610　東京都町田市玉川学園6-1-1
TEL 042-739-8935　FAX 042-739-8940
http://www.tamagawa.jp/up/
振替：00180-7-26665
印刷・製本　図書印刷株式会社

乱丁・落丁本はお取り替えいたします。
© Tamagawa University Press 2018　Printed in Japan

ISBN978-4-472-05977-3　C8639 / NDC382

玉川学園創立90周年記念出版

90th Anniversary Tamagawa 1929～2019

玉川百科 こども博物誌 全12巻

小原芳明 監修　A4判・上製／各160ページ／オールカラー　定価 本体各4,800円

「こども博物誌」6つの特徴

1. 小学校2年生から読める、興味の入口となる本
2. 1巻につき1人の画家の絵による本
3. 「調べるため」ではなく、自分で「読みとおす」本
4. 網羅性よりも、事柄の本質を伝える本
5. 読んだあと、世界に目をむける気持ちになる本
6. 巻末に、司書らによる読書案内と施設案内を掲載

動物のくらし
高槻成紀 編／浅野文彦 絵
元麻布大学教授

ぐるっと地理めぐり
寺本潔 編／青木寛子 絵
玉川大学教授

数と図形のせかい
瀬山士郎 編／山田タクヒロ 絵
群馬大学名誉教授

昆虫ワールド
小野正人・井上大成 編／見山博 絵
玉川大学教授　森林総合研究所研究員

音楽のカギ／空想びじゅつかん
野本由紀夫 編／辻村章宏 絵
玉川大学教授

辻村益朗 編／中武ひでみつ 絵
ブックデザイナー

植物とくらす
湯浅浩史 編／江口あけみ 絵
進化生物学研究所所長

頭と体のスポーツ
萩裕美子 編／黒須高嶺 絵
東海大学教授

日本の知恵をつたえる
小川直之・服部比呂美 編／髙桑幸次・合田洋介 絵
國學院大學教授　國學院大學准教授

空と海と大地
目代邦康 編／小林準治 絵
日本ジオパークネットワーク事務局研究員

ロボット未来の部屋
大森隆司 編／園山隆輔 絵
玉川大学教授

地球と生命のれきし
大島光春・山下浩之 編／いたやさとし 絵
神奈川県立生命の星・地球博物館学芸員

ことばと心
岡ノ谷一夫 編／のだよしこ 絵
東京大学教授